hens Österreich zieht
ung seinen Dämmer-
den Quellen des Flusses Thaia, und fortstrebend bis zu jenem Grenzknoten, wo das böhmische Land mit Österreich und Bayern zusammenstößt. Dort, wie oft die Nadeln bei Kristallbildungen, schoß ein Gewimmel mächtiger Joche und Rücken gegeneinander, und schob einen derben Gebirgsstock empor, der nun von drei Landen weithin sein Waldesblau zeigt, und ihnen allerseits wogiges Hügelland und strömende Bäche absendet. Er beugt, wie seinesgleichen öfter, den Lauf der Bergeslinie ab, und sie geht dann mitternachtwärts viele Tagereisen weiter.

Der Ort dieser Waldesschwenkung nun, vergleichbar einer abgeschiednen Meeresbucht, ist es, in dessen Revieren sich das begab, was wir uns vorgenommen zu erzählen. Vorerst wollen wir es kurz versuchen, die zwei Punkte jener düsterprächtigen Waldesbogen dem geneigten Leser vor die Augen zu führen, wo die Personen dieser Geschichte lebten und handelten, ehe wir ihn zu ihnen selber geleiten. Möchte es uns gelingen, nur zum tausendsten Teile jenes schwermütig schöne Bild dieser Waldtale wiederzugeben, wie wir es selbst im Herzen tragen, seit der Zeit, als es uns gegönnt war, dort zu wandeln, und einen Teil jenes Doppeltraumes dort zu träumen, den der Himmel jedem Menschen einmal und gewöhnlich *vereint* gibt, den Traum der Jugend und den der ersten Liebe. Er ist es, der eines Tages aus den tausend Herzen *eines* hervorhebt, und es als unser Eigentum für alle Zukunft als einzigstes und schönstes in unsere Seele prägt, und dazu die Fluren, wo es wandelte, als ewig schwebende Gärten in die dunkle warme Zauberfantasie hängt!

Wenn sich der Wanderer von der alten Stadt und dem Schlosse Krumau, dieser grauen Witwe der verblichenen Rosenberger, westwärts wendet, so wird ihm zwischen unscheinbaren Hügeln bald hier bald da ein Stück Dämmerblau hereinscheinen, Gruß und Zeichen von draußen ziehendem Gebirgslande, bis er endlich nach Ersteigung eines Kammes nicht wieder einen andern vor sich sieht, wie den ganzen Vormittag, sondern mit eins die ganze blaue Wand von Süd nach Norden streichend, einsam und traurig. Sie schneidet einfärbig mit breitem, lotrechtem Bande den Abendhimmel, und schließt ein Tal, aus dem ihn wieder die Wasser der Moldau anglänzen, die er in Krumau verließ; nur sind sie hier noch jugendlicher und näher ihrem Ursprunge. Im Tale, das weit und fruchtbar ist, sind Dörfer herumgestreuet, und mitten unter ihnen steht der kleine Flecken Oberplan. Die Wand ist obgenannter Waldesdamm, wie er eben nordwärts beugt, und daher unser vorzüglichstes Augenmerk. Der eigentliche Punkt aber ist ein See, den sie ungefähr im zweiten Drittel ihrer Höhe trägt.

Dichte Waldbestände der eintönigen Fichte und Föhre führen stundenlang vorerst aus dem Moldautale empor, dann folgt, dem Seebache sacht entgegensteigend, offenes Land; – aber es ist eine wilde Lagerung zerrissener Gründe, aus nichts bestehend, als tiefschwarzer Erde, dem dunklen Totenbette tausendjähriger Vegetation, worauf viele einzelne Granitkugeln liegen, wie bleiche Schädel von ihrer Unterlage sich abhebend, da sie vom Regen bloßgelegt, gewaschen und rundgerieben sind. – Ferner liegt noch da und dort das weiße Gerippe eines gestürzten Baumes und angeschwemmte Klötze. Der Seebach führt braunes Eisenwasser, aber so klar, daß im Sonnenscheine der weiße

Grundsand glitzert, wie lauter rötlich heraufflimmernde Goldkörner. Keine Spur von Menschenhand, jungfräuliches Schweigen.

Ein dichter Anflug junger Fichten nimmt uns nach einer Stunde Wanderung auf, und von dem schwarzen Samte seines Grundes herausgetreten, steht man an der noch schwärzern Seesfläche.

Ein Gefühl der tiefsten Einsamkeit überkam mich jedesmal unbesieglich, sooft und gern ich zu dem märchenhaften See hinaufstieg. Ein gespanntes Tuch ohne eine einzige Falte liegt er weich zwischen dem harten Geklippe, gesäumt von einem dichten Fichtenbande, dunkel und ernst, daraus manch einzelner Urstamm den ästelosen Schaft emporstreckt, wie eine einzelne altertümliche Säule. Gegenüber diesem Waldbande steigt ein Felsentheater lotrecht auf, wie eine graue Mauer, nach jeder Richtung denselben Ernst der Farbe breitend, nur geschnitten durch zarte Streifen grünen Mooses, und sparsam bewachsen von Schwarzföhren, die aber von solcher Höhe so klein herabsehen, wie Rosmarinkräutlein. Auch brechen sie häufig aus Mangel des Grundes los, und stürzen in den See hinab; daher man, über ihn hinschauend, der jenseitigen Wand entlang in gräßlicher Verwirrung die alten ausgebleichten Stämme liegen sieht, in traurigem weiß leuchtendem Verhack die dunklen Wasser säumend. Rechts treibt die Seewand einen mächtigen Granitgiebel empor, Blockenstein geheißen; links schweift sie sich in ein sanftes Dach herum, von hohem Tannenwald bestanden, und mit einem grünen Tuche des feinsten Mooses überhüllet.

Da in diesem Becken buchstäblich nie ein Wind weht, so ruht das Wasser unbeweglich, und der Wald und die grauen Felsen, und der Himmel schauen aus seiner Tiefe heraus, wie aus einem ungeheuern schwarzen Glasspiegel. Über ihm steht ein Fleckchen der tiefen, eintönigen Himmelsbläue. Man kann hier tagelang weilen und sinnen und kein Laut stört die durch das Gemüt sinkenden Gedanken, als etwa der Fall einer Tannenfrucht oder der kurze Schrei eines Geiers.

Oft entstieg mir ein und derselbe Gedanke, wenn ich an diesen Gestaden saß: – als sei es ein unheimlich Naturauge, das mich hier ansehe – tiefschwarz – überragt von der Stirne und Braue der Felsen, gesäumt von der Wimper dunkler Tannen – drin das Wasser regungslos, wie eine versteinerte Träne.

Rings um diesen See, vorzüglich gegen Bayern ab, liegen schwere Wälder, manche nie besuchte einsame Talkrümme samt ihren Bächlein zwischen den breiten Rücken führend, manche Felsenwand schiebend mit den tausend an der Sonne glänzenden Flittern, und manche Waldwiese dem Tagesglanze unterbreitend, einen schimmernden Versammlungssaal des mannigfachsten Wildes.

Dieses ist der *eine* der zwei obbemerkten Punkte. Lasset uns nun zu dem *andern* übergehen. Es ist auch ein Wasser, aber ein freundliches, nämlich das leuchtende Band der Moldau, wie es sich darstellt von einem Höhenpunkt desselben Waldzuges angesehen, aber etwa zehn Wegestunden weiter gegen Sonnenaufgang. Durch die duftblauen Waldrücken noch glänzender, liegt es geklemmt in den Talwindungen, weithin sichtbar, erst ein Lichtfaden, dann ein flatternd Band, und endlich ein breiter Silbergürtel, um die Wölbung dunkler Waldesbusen geschlungen – dann, bevor sie neuerdings schwarze Tannen- und Föhrenwurzeln netzt, quillt sie auf Augenblicke in ein lichtes Tal hervor, das wie ein zärtlich Auge aufgeschlagen ist in dem ringsum trauernden Waldesdunkel. – Das Tal trägt dem wandernden Waldwasser gastliche Felder entgegen, und grüne Wiesen, und auf einer derselben, wie auf einem Sammetkissen, einen kleinen Ort mit dem schönen Namen *Friedberg*. – Von da, nach kurzem Glanze, schießt das Wellensilber wieder in die Schatten erst des Jesuiterwaldes, dann des Kienberges, und wird endlich durch die Schlucht der Teufelsmauer verschlungen.

Der Punkt, von dem aus man fast so weit als es hier beschrieben, den Lauf dieser Waldestochter übersehen kann, ist eine zerfallene Ritterburg, von dem Tale aus wie ein luftblauer Würfel anzusehen, der am obersten Rande eines breiten Waldbandes schwebet. Friedbergs Fenster sehen gegen Südwesten auf die Ruine, und dessen Bewohner nennen sie den *Thomasgipfel* oder *Thomasturm*, oder schlechthin *St. Thoma*, und sagen, es sei ein uraltes Herrenschloß, auf dem einst grausame Ritter wohnten, weshalb es jetzt verzaubert sei und in tausend Jahren nicht zusammenfallen könne, ob auch Wetter und Sonnenschein daran arbeite.

Oft saß ich in vergangenen Tagen in dem alten Mauerwerke, ein liebgewordenes Buch lesend, oder bloß den lieben aufkeimenden Jugendgefühlen horchend, durch die ausgebröckelten Fenster zum blauen Himmel schauend, oder die goldnen Tierchen betrachtend, die neben mir in den Halmen liefen, oder statt all dessen bloß müßig und sanft den stummen Sonnenschein empfindend, der sich auf Mauern und Steine legte – – oft und gern verweilte ich dort, selbst als ich das Schicksal derer noch nicht kannte, die zuletzt diese wehmütige Stätte bewohnten.

Ein grauer viereckiger Turm steht auf grünem Weidegrunde, von schweigendem, zerfallenem Außenwerke umgeben, tausend Gräser, und schöne Waldblumen, und weiße Steine im Hofraume hegend, und von außen umringt mit vielen Platten, Knollen, Blöcken und andern wunderlichen Granitformen, die ausgesäet auf dem Rasen herumliegen. Keine Stube, kein Gemach ist mehr in wohnbarem Zustande, nur seine Mauern, jedes Mörtels und Anwurfes entkleidet, stehen zu dem reinen Himmel empor, und tragen hoch oben manche einsame Tür, oder einen unzugänglichen Söller, nebst einer Fensterreihe, die jetzt in keinem Abendrot mehr glänzen, sondern eine Wildnis schöner Waldkräuter in ihren Simsen tragen. – Keine Waffen hängen an den Mauerbögen, als die hundert goldenen Pfeile der schief einfallenden Sonnenstrahlen; keine Juwelen glänzen aus der Schmucknische, als die schwarzen befremdeten Äuglein eines brütenden Rotkehlchens; – kein Tragebalken führt vom Mauerrande sein Dach empor, als manch ein Fichtenbäumchen, das hoch am Saume im Dunkelblau sein grünes Leben zu beginnen sucht. – Keller, Gänge, Stuben – alles Berge von Schutt, gesucht und geliebt von mancher dunkeläugigen Blume. Einer der Schutthügel reicht von innen bis gegen das Fenster des zweiten Stockwerkes empor. Dem, der ihn erklimmt, wird ein Anblick, der, obwohl im geraden Gegensatze mit den Trauerdenkmalen ringsum, dennoch augenblicklich fühlen läßt, daß eben er die Vollendungslinie um das beginnende Empfinden lege, nämlich: über alle Wipfel der dunklen Tannen hin ergießt sich dir nach jeder Richtung eine unermeßne Aussicht, strömend in deine Augen und sie fast mit Glanz erdrückend. – Dein staunender und verwirrter Blick ergeht sich über viele, viele grüne Bergesgipfel in webendem Sonnendufte schwebend, und gerät dann hinter ihnen in einen blauen Schleierstreifen – es ist das gesegnete Land jenseits der Donau mit seinen Getreidehängen und Obstwäldern – bis der Blick endlich auf jenen ungeheuren Halbmond trifft, der den Gesichtskreis einfasset: die Norischen Alpen. – Der große Briel glänzt an heitern Tagen wie eine lichte Flocke am Himmelsblaue hängend, – der Traunstein zeichnet eine blasse Wolkenkontur in den Kristall des Firmaments. – Der Hauch der ganzen Alpenkette zieht wie ein luftiger Feengürtel um den Himmel, bis er hinausgeht in zarte, kaum sichtbare Lichtschleier, drinnen weiße Punkte zittern, wahrscheinlich die Schneeberge der ferneren Züge.

Dann wende den Blick auch nordwärts; da ruhen die breiten Waldesrücken und steigen lieblich schwarzblau dämmernd ab gegen den Silberblick der Moldau; – westlich blauet Forst an Forst in angenehmer Färbung, und manche zarte schöne blaue Rauchsäule steigt fern aus ihm zu dem heitern Himmel auf. Es wohnet unsäglich viel Liebes und Wehmütiges in diesem Anblicke.

Und nun, lieber Wanderer, wenn du dich satt gesehen hast, so gehe jetzt mit mir zwei Jahrhunderte zurück, denke weg aus dem Gemäuer die blauen Glokken, und die Maßlieben und den Löwenzahn, und die andern tausend Kräuter; streue dafür weißen Sand bis an die Vormauer, setze ein tüchtig Buchentor in den Eingang und ein sturmgerechtes Dach auf den Turm, spiegelnde Fenster in die Mauern, teile die Gemächer, und ziere sie mit all dem lieben Hausrat und Flitter der Wohnlichkeit – dann, wenn alles ist wie in den Tagen des Glückes, blank, wie aus dem Gusse des Goldschmiedes kommend – – dann geh mit mir die mittlere Treppe hinauf in das erste Stockwerk, die Türen fliegen auf – – – Gefällt dir das holde Paar?

Es sind die Töchter Heinrichs des Wittinghausers, in dessen Wohnung du dich befindest – Wittinghausen hieß vorzeiten das Schloß, ehe es von einem in der Nähe erbauten und nun ebenfalls verfallenden Kirchlein den Namen St. Thoma erhielt.

Die Jüngere sitzt am Fenster und stickt, und obwohl es noch früh am Morgen ist, so ist sie doch schon völlig angekleidet und zwar mit einem mattblauen Kleide nach der so malerischen Art, wie wir sie noch hie und da auf Gemälden aus der Zeit des Dreißigjährigen Krieges sehen. Alles ist nett. Ärmel und Mieder schließen reinlich, jede Falte der Schleppe liegt bewußtvoll, jede Schleife sitzt wohlberechtigt, und jede Buffe gilt, und über dem Ganzen des Trachtenbaues schwebt als Giebel ein schönes Köpfchen, über und über blondlockig, und schaut fast wunderselig jung aus der altväterischen Kleiderwolke. Man sieht es offenbar, sie hat hohe Freude an ihrem Anzuge, und hat ihn auch deswegen schon ganz und gar an. Zu den blonden Lokken stehen seltsam die dunkelbraunen, fast schwarzen Augen, wenn sie mit ihnen gelegentlich erschrocken oder neugierig emporleuchtet – aber dann liegen sie so rein und rund in ihrem Rahmen, daß man sieht, wie die junge Seele, unberührt von Schmerz und Leidenschaft, noch so arglos zutäppisch durch ihre Fensterlein herausschaut, weil die Welt gar so groß und prächtig ist. Den Locken nach ist sie älter als achtzehn, den Augen nach jünger als vierzehn Jahre. Vielleicht steht sie mitten.

Die Ältere ist noch nicht angezogen. Sie sitzt in einem weißen Nachtkleide auf einer Art von Ruhebett, auf dem sie viele Papiere und Pergamentrollen ausgebreitet hat, in denen sie herumsucht. Eine Fülle äußerst schwarzer Haare ist aufgelöst und schneidet in breitem niedergehendem Strome den faltenreichen Schnee des Nachtgewandes. Das Gesicht ist fein und geistreich, nur etwas blaß, daher die Augen desto dunkler daraus vorleuchten, da sie den Haaren entsprechend sind, tief schwarz, und fast noch größer, als die braunen der Schwester.

Das Zimmer ist das Wohn- und Schlafgemach der Mädchen; denn in seiner Tiefe stehen die zwei aus Eichenholz geschnitzten Bettgestelle, jedes überwölbt mit einem seidenen Baldachin und umlegt mit blühenden Teppichen; – Sessel und Schemel stehen verschoben, als eben gebraucht und zum Teil bedeckt mit Stükken weißen Nachtzeuges. Die Betschemel stehen jeder in einer andern Fensterbrüstung, daß sich die betenden

Schwestern nicht sehen können; denn die Andacht ist verschämt, wie die Liebe. Auf dem Putztische ist nur ein hoher schmaler Spiegel und echte Schmuckstücke. Es ist noch sehr früh am Morgen, wie die langen Schatten und die Silberblitze an den taufeuchten Tannen draußen zeigen. Der Tag ist ganz heiter, die Alpenkrone liegt in den zwei Fenstern, wie in einem Rahmen, und ein glänzender Himmel spannt sich darüber weg.

Die am Fenster stickt emsig fort, und sieht nur manchmal auf die Schwester. Diese hat mit einmal ihr Suchen eingestellt, und ihre Harfe ergriffen, aus der schon seit länger einzelne Töne wie träumend fallen, die nicht zusammenhängen, oder Inselspitzen einer untergesunkenen Melodie sind.

Plötzlich sagte die Jüngere: »Siehe, Clarissa, wenn du auch die Melodie verbergen willst, ich kenne doch das Lied, das du schon wieder singen möchtest. –«

Die Angeredete, ohne zu antworten, sang mit leiser Stimme die zwei Verse:

»Da lagen weiße Gebeine,
Die goldne Kron' dabei.«

Dann ließ sie ab vom Spiele, und ohne die Harfe wegzustellen, sah sie durch die Saiten in das unschuldige Angesicht der Schwester.

Diese erwiderte mit den guten runden Augen den Blick, und sagte dann fast schüchtern: »Ich weiß nicht, das Lied ist mir so unheimlich, es ahnt einen Unglückliches an – und der Inhalt ist so schauerlich – – auch weißt du ja, daß es der Vater nicht gern höret, daß du gerade dieses Lied singest – –«

»Sieh, und dennoch hat es einer gedichtet, der sehr sanft und gut war«, fiel die ältere Schwester ein.

»So hätte er gleich lieber ein sanfteres und freundlicheres dichten können«, erwiderte die jüngere, »denn ein Lied muß gut und hold sein, daß man es liebet, und nicht fürchtet, wie dieses.« Clarissa sah bei diesen Worten mit einer so gütigen Zärtlichkeit auf die Schwester, fast wie eine Mutter, und sagte: »O du gutes Ding, du treuherziges, wie bist du noch gar so jung! – – – Jene Furcht, jenes Schauern ist ja eben der Abgrund unseres Gewissens, und versöhnt zuletzt zu gedoppelter Güte.«

»Nein, nein«, antwortete die andere; »ich bin lieber gleich vom Anfange gut. Ein Lied muß bei mir lieb und hell sein, wie der heutige Tag, kein Wölkchen, so weit du schauen magst, lauter Blau und lauter Blau, das reinste und freundlichste Blau. Deine Melodien sind jetzt immer wie Nebel und Wolken, oder gar wie Mondschein, der wohl auch schön ist, aber bei dem man sich fürchtet.«

»O die vielgeliebten, schwebenden, webenden Wolken«, entgegnete Clarissa, »wie sie aufblühen in der Öde des Himmels, um die Berge glänzen und träumen, schimmernde Paläste bauen, massenweise sich sonnen, und abends so liebrot entbrennen, wie schlafmüde Kinder! – – – O Johanna, liebes Mädchen, wie bist du noch dein eigner Himmel, tief und schön und kühl! Aber es werden in ihm Düfte emporsteigen, – der Mensch gibt ihnen den Mißnamen Leidenschaft – du wirst wähnen, sie seien wonnevoll erschienen, Engel wirst du sie heißen, die sich in der Bläue wiegen – aber gerade aus ihnen kommen dann die heißen Blitze, und die warmen Regen, deine Tränen – und doch auch wieder aus diesen Tränen baut sich jener Verheißungsbogen, der so schön schimmert und den man nie erreichen kann – – – der Mondschein ist dann hold und unsre Melodien weich. – – Kind, es gibt Freuden auf der Welt, von einer Überschwenglichkeit, daß sie unser Herz zerbrechen könnten – – und Leiden von einer Innigkeit – – – o sie sind so innig!! –«

Johanna stand schnell auf, ging zu ihrer Schwester,

und küßte sie unsäglich zärtlich auf den Mund, indem sie beide Arme um ihren Hals schlang, und sagte: »So bist du, ich weiß es; dein Herz tut dir weh, liebe Schwester; aber denke, der Vater liebt dich, der Bruder, ich, und gewiß alle Menschen, weil du so gut bist, wie sonst gar kein Mensch; aber sprich nicht so – singe lieber, singe alles, selbst das von dem König. Ich weiß, daß du heute schon seit dem Aufstehen daran dachtest.«

Clarissa küßte sie zweimal recht innig entgegen auf die Kinderlippen, an deren unbewußter schwellender Schönheit sie wie ein Liebender Freude hatte, und sagte dann lächelnd: »Schaffe dir keine Sorgen, liebes Herz, ich werde fleißig mit dir arbeiten, daß unser Vater Vergnügen an den schönen Blumen habe, die unter deinen Händen erwachsen.« Sie setzte sich an die entgegengesetzte Seite des Stickrahmens, und während Johanna an den Blumen arbeitete, begnügte sie sich den Grund auszufüllen. Sie sprachen noch vielerlei, dann schwiegen sie – dann sprachen sie wieder, aber immer blieb als Grundton die Innigkeit zweier herzlieben Geschwister, wobei jedoch die Ältere eine Art sanfter Vormundschaft ausübte. Die Kleine hatte etwas auf dem Herzen, so schien es; denn sie holte schon einige Male aus – aber jetzt nahm sie sich einen Anlauf, und brachte einen kühnen Wildschützen daher, von dem sie gehört habe, daß er die westlichen Wälder zu seiner Wohnung erkoren, die damals ungleich größer waren, als jetzt. Es seien von ihm die sonderbarsten Gerüchte im Umlaufe. Sie erzählte, daß sie gestern gehört habe, daß er mit keiner andern Kugel als einer geweihten erschossen werden könne, und daß er in der Nacht mit Männern Unterredungen habe, die gar nicht von Fleisch und Blut sind.

Clarissa widersprach diesem, und meinte, derlei dichte der Aberglaube dazu, wahrscheinlich gäbe es gar nicht einmal einen solchen Mann, da sich das Volk nur so gern in schaurigen Berichten gefalle.

»Wohl, wohl gibt es einen solchen«, fiel Johanna eifrig ein.

»Und wenn auch«, antwortete Clarissa, »so ist er gewiß nicht das, wofür man ihn hält.«

»O vielleicht ist er etwas noch viel Ärgeres – weißt du von jenem unglücklichen Müller in Spitzenberg – den hat er erschossen.«

»Rede doch nicht so freventlich nach, was nicht erwiesen ist. Jener Müller ließ sich zu Kundschaft in dem schwedischen Heere gebrauchen, deshalb ist er erschossen worden.«

»Ja, so hat man vermutet, aber niemand kann es erweisen – und daß ich es dir nur gestehe – ich habe gestern abends zugehört, als der Jägerbursche, der dem Vater den Brief vom Ritter brachte, in der Gesindestube von diesem Manne erzählte. Er ist groß und stark wie ein Baum, trägt einen wilden Bart, und geht Tagereisen weit mit seiner langen Flinte durch die Wälder. Von den Menschen, die hier im flachen Lande wohnen, haben ihn noch wenige gesehen, aber der Jägerbursche sah ihn schon so nahe, wie ich dich – und er und kein anderer hat den Mord verübt. Man fand den Müller im Parkfriedergehölze beim Muttergottesbilde, wo sich die Wege teilen, und keine einzige Wunde an seinem Leibe, als das Loch der kleinen Kugel durch die Schläfe, und kein Mensch, als nur dieser Wildschütze, gebraucht so kleine Kugeln. Dann sagte er noch etwas, das aber zu gottlos ist, als daß es wahr sein könnte.«

»Nun?«

»Daß dieser Mann sein Gewehr nur losschießen dürfe, und er treffe doch immer den, den er sich denke.«

»Wie magst du nur solchen Reden zuhören«, sagte

Clarissa sehr ernst, »das ist blinder leerer Frevel. Wie könnte denn Gott, der allmächtige Herr des Weltalls, solche böse Wunder zulassen, wenn er wollte, daß wir noch fürder seinen Einrichtungen trauen sollten, wie es ja doch unsre Pflicht und unsre Freude ist.«

»Ich habe es ja auch nicht geglaubt«, sagte Johanna treuherzig; »aber da ich zuhörte, und sah, wie unsre Mägde fast erbleichten, so schauderte es mich auch, und trotzdem, daß ich gehen wollte, horchte ich doch wieder auf seine Worte hin. Er hat alles so lebendig beschrieben, auch die Wälder alle dort oben, unermeßlich und undurchdringlich, so daß unsre nur Gärten dagegen sind. Ein schöner schwarzer Zaubersee soll in ihrer Mitte ruhen, und wunderbare Felsen und wunderbare Bäume um ihn stehen, und ein Hochwald ringsherum sein, in dem seit der Schöpfung noch keine Axt erklungen. Der Jäger sagte, daß er wohl bisher noch nicht so tief hineingedrungen sei, um zu dem Wasser zu gelangen, aber nächstens würde er es tun, und da trägt er auch einen geweihten silbernen Knopf bei sich, um den Wildschützen und Mörder niederzuschießen, sobald er ihn ansichtig wird; denn gegen Blei ist er fest.«

»Warum tat er es denn nicht schon«, sagte Clarissa, »da er ihn, wie du sagst, schon öfters sah? – Siehst du, du bist ein argloses Närrchen, und der Bursche ist ein prahlender Schalk, der euch gern schaudern machte, daß er als desto größerer Held erscheine. An deiner Stelle hätte ich gar nicht zugehört. Jener Mann ist wohl nur ein harmloser Schütze – oder es existiert ganz und gar kein solcher; denn alle, die je in jene Waldländer gerieten, fanden eine schöne Wildnis voll gesunder Blumen, Kräuter und herrlicher Bäume, die Wohnung unzähliger fremder Vögel und Tiere, aber nicht das mindeste Verdächtige.«

»Aber in den Glöckelbergen schwemmte der Bach

erst neulich die Knochen eines Eberkopfes aus, in denen die kleine Kugel steckte.«

»Nun laß gehen«, sagte Clarissa lächelnd; – »über dem Gewimmel deiner Wälder, Seen und Knochen und Jäger hat dir diese Rose ein häßlich Eck bekommen.«

Johanna, eben in dem Alter des größten Wucherns der Räuber- und Zauberfantasien, wollte nicht so leicht ablassen, jedoch Clarissa ließ sich nicht mehr hinlenken, und so kam das Gespräch auf die Stickerei, da Johanna die angegriffene Rose verteidigte, und wurde mit jener Folgerichtigkeit fortgeführt, die sie jetzt auf Tanz und Sterbefälle bringt, jetzt auf Kriegsrüstungen, Lavendel, Eingesottenes und Kometen. Wie des Blutes Welle aus dem Herzen hüpfet, springt das leichte Gedankengeschwader mit, die Kinderzunge plaudert sie heraus, das runde Auge schaut uns groß und freundlich an – und unser Herz muß sie mehr lieben, als alle Weisheit der Weisen. So über alle Maßen kostbar ist das reine Werk des Schöpfers, die Menschenseele, daß sie, noch unbefleckt und ahnungslos des Argen, das es umschwebt, uns unsäglich heiliger ist, als jede mit größter Kraft sich abgezwungene Besserung; denn nimmermehr tilgt ein solcher aus seinem Antlitz unsern Schmerz über die einstige Zerstörung, – und die Kraft, die er anwendet, sein Böses zu besiegen, zeigt uns fast drohend, wie gern er es beginge; wir bewundern ihn, aber mit der natürlichen Liebe quillt das Herz nur dem entgegen, in dem kein Arges existiert. Daher sagte vor zweitausend Jahren jener Eine: »Wehe dem, der eines dieser Kleinen ärgert!« Und wenn wir so die zwei schönen Angesichte gegenübersehen, ihre Worte hören, jedes ein durchsichtiger Demant, gefaßt in das Silberklar der Blicke, so deucht uns das einfache Gemach, obgleich umlegt mit Geräten täglichen Gebrauches, dennoch geweiht und rein, wie eine Kirche.

Die Sonne hatte sich allbereits über den Wald geschwungen, der Vormittag glänzte und funkelte über den schweigenden Wipfeln, und ein lichter Sonnenstreifen begann sich gemach über die Stickerei zu legen – siehe, da pochte es draußen ehrbar leise an der Tür, Einlaß heischend. Johanna sprang auf, und öffnete eilig den noch vorgeschobenen Riegel. Es trat sofort ein Mann herein, freundlich Willkommen bringend – der *Vater* der Mädchen, der in ihr Morgengemach so bescheiden und ehrfürchtig eintrat, wie ein Fremder. Er war damals schon hoch in den Jahren, aber ein wunderschöner Greis, eine Gestalt, als träte sie aus einem Rahmen Van Dyks – in schwarzen Samt gekleidet, hoch und stattlich, weißen Haupthaares und eines Bartes, der glänzend auf die schöne breite Greisenbrust herniederwallte – ein Auge, stark gewölbt und sprechend, unter einer felsigen, gefurchten Stirne – so hob sich die Erscheinung fast in jene Zeit der Seher und Propheten hinüber, eine Ruine gewaltiger Männerkraft und Männergröße, eine Ruine, jetzt nur noch beschienen von der milden Abendsonne der *Güte*, wie ein stummer Nachsommer nach schweren lärmenden Gewittern – wie der müde Vollmond auf den Garben des Erntefeldes – – die stille, milde, tiefe Güte. Er war eine der wenigen damals noch sichtbaren Figuren des abgeblühten Rittertums, so unpassend für seine Mitwelt, wie eine Zeitlose auf der plattgeschornen Herbstwiese, da die andern Blumen alle längst in die Scheunen gesammelt sind.

Beide Kinder hängen an seinen Augen. Er heißt sie fortsticken – und da sie es tun, weilt sein Blick ungesehen auf ihnen mit Ernst und Liebe. Er besieht die Arbeit und lobt sie, fragt dieses und jenes und weiß immer eine Antwort, die wie Öl in ihre Herzen fließet.

Da die Mutter der Mädchen schon vor zehn Jahren gestorben war, so war es um so rührender, den alten

Mann unter den mutterlosen Töchtern zu sehen – es ist eine Art von Zartheit darinnen, wie er mit ihnen umgeht, um ihnen das verlorne Mutterherz zu ersetzen. Vorzugsweise beschäftigt er sich mit der jüngeren, als sei sie es noch am bedürftigsten.

Nachdem er sie befragt, ob sie in ihrem kleinen Haushalte etwas benötigten, ob keine Farbe der Stikkerei auszugehen drohe, ob ihre Kleider und Stoffe in gutem und prunkendem Stande seien, ob keine Magd oder Zofe etwas verschuldet, oder ob sie sonst nichts vermißten oder wünschten – und als er auf all dies lauter »Nein« oder lauter »guter, lieber Vater« zur Antwort erhielt, so lächelte er, und sagte, er habe gleichwohl die schönsten und seltensten Dinge aus der Stadt Augsburg zum Ansehen und Aussuchen verschrieben, und wie er der festen Hoffnung sei, daß sie binnen jetzt und acht Tagen da sein müssen, und daß er Ehre und Freude damit einlegen werde. Sie mögen sich bis dahin nur recht mit Wünschen und Vorspiegelungen rüsten, was not täte, und was man vielleicht, wäre es dabei, wählen würde, und was nicht. Ferner, als ob er ein Bitteres und Ungewünschtes vor seinem eigenen Herzen noch hinausschieben möchte, ging er in all ihre Kleinigkeiten ein, und nahm ernsthaften Anteil – – an Johannens Hühnern, an ihrem Rehe und Schwarzkehlchen, an ihren Fensterblumen – an Clarissens Harfe und Zeichenbüchern, an Briefen und am Befinden entfernter Freundinnen – und zuletzt tat er an Blondköpflein die Frage, ob sie wohl nie ihr Abendgebet verschlummere, wie noch vor wenig Jahren, wo man sie oft vom Söller oder Gartenanger rotgeschlafen auflas, und bei noch schimmernder Abendsonne mühselig entkleidete – und als er endlich gar beide mit Rührung fragte, ob sie denn auch allemal im Gebete der verstorbenen Mutter gedächten: so ahnete es ihnen wohl, daß er etwas auf dem Herzen trage, was er sich scheue, ihnen zu eröffnen; denn es war eine der holdesten Blüten an dem kraftvollen Greise, daß er, wie ganze und starke Menschen so oft, mit der Sorge des Vaters um seine Töchter auch fast eine Scheu vor ihnen darlegte, wie ein Geliebter, und da ihre Verehrung und Hochachtung noch unbegrenzter war, so hingen ihre Augen wohl mit Ängstlichkeit an seinen Mienen, aber keine getraute sich zu fragen. Die Liebe, in jeder Gestalt, ist scheu, wie die Tugend, und die Ehrfurcht zaghafter, als selbst die Furcht. Er verstand sie, wie sie ihn verstanden hatten.

Mit Sorgsamkeit, daß er es nicht zerknittere, nahm er ein Stück eines gefalteten Weißzeuges von einem Sessel, rückte denselben näher an Fenster und Stickrahmen, und setzte sich den Mädchen gegenüber, scheinbar noch immer, als täte er es der Behaglichkeit willen, weniger die Mädchen, als vielmehr sich selbst mit einem Anscheine von Unbefangenheit täuschend.

»Ich glaube«, begann er, »ihr habt schon vernommen, daß der Ritter gestern von seinem Jagdausfluge zwar nicht selbst zurückgekommen, aber einen Boten mit einem Schreiben gesandt habe. Sie waren sehr glücklich und eine ganze Fracht von Wild ist unterwegs; auch kann er nicht genug Lobes sagen, wie schön und still und wie abgeschlossen und unzugänglich jene Waldesgärten sind, in denen er nun schon über vier Wochen dem Jagdvergnügen obliegt. Es ist fast wehmütig zu lesen, wie schwer sie Abschied davon nehmen – er sagt: Kein Hauch, keine Ahnung von der Welt draußen dringt hinein, und wenn man sieht, wie die prachtvolle Ruhe Tagereisen weit immer dieselbe, immer ununterbrochen, immer freundlich in Laub und Zweigen hängt, daß das schwächste Gräschen ungestört gedeihen mag, so hat man schwere Mühe, daran zu glauben, daß in der Welt der Menschen schon die vielen Jahre her der Lärm des Krieges und der Zerstörung tobe, wo das kostbarste und kunstreichste Gewächs, das Menschenleben, mit eben solcher Eil' und Leichtfertigkeit zerstört wird, mit welcher Müh' und Sorgfalt der Wald die kleinste seiner Blumen hegt und auferziehet. Denkt nur, einen schönen Felsenberg haben sie gefunden, der über den Wald emporragt, von wo aus man unser Schloß erblicken kann; sie meinen, von unserm roten Eckzimmer müssen wir denselben sehen können. Wir wollen heute noch in demselben das Sehrohr aufstellen, und sehen, ob wir den Felsenstock entdecken können, der der Blockenstein heißt – oder wäre es nicht gar noch schöner, ehe der Winter kommt, geradewegs selber einen Spaziergang in jene anmutigen Wildnisse zu machen?«

Ein zu Tode erschrockener Blick schlug aus den Augen Johannas gegen den Vater empor, und traf auf das freundlich fragende Vaterauge. Er stand auf, und ging einige Male unruhig im Zimmer auf und nieder, dann vor sie tretend, die mit Angst jede seiner Bewegungen hütete, sagte er ernst und liebreich: »Johanna, liebes furchtsames Reh – – und dennoch muß es sein, wir werden alle zusammen jene Wälder besuchen – – – – antworte noch nicht; – – es tut not, Kinder, daß ich euch eröffne, was wir diesen Sommer fürgesorgt haben. Dieser Brief ist aus Rosenberg – hier einer aus Goldenkron – dieser von Prag – dieser aus Meißen und endlich einer aus Bayern. Ich habe euch stets mit Nachrichten aus den Kriegsfeldern verschont, daß euer Herz nicht mit Dingen beleidiget werde, die ihr lieber nicht wisset; aber ich habe ein Netz über alle Kriegsplätze gesponnen, daß ich stets Kenntnis der schwebenden Sache behielt und Voraussicht der künftigen – es geschah zu Frommen des Vaterlandes, und zu eurem Schutze, wie es ja Gott zu meiner lieben väterlichen Pflicht gemacht. Man bereitet noch vor Winter eine Unternehmung gegen die obern Donauländer vor, deren rechter Flügel bestimmt ist, über unsre Berge zu gehen – diese Schweden kennen meinen Namen gar wohl – und auch, wenn sie ihn nicht kennten, so ist aller Grund zu glauben, daß sie unser Haus mitfegen werden, und die ersten Schneeflocken des künftigen Winters werden wahrscheinlich auf seine schwarzgebrannten Mauertrümmer fallen – mag es – das Haus werden wir wieder aufbauen, und für euch habe ich nach bester Meinung gesorgt. Wie ich es mit Geld und Geldeswert veranstaltet, werde ich später darlegen – jetzt, was wichtiger – *von Euch*. Es liegt ein Platz im Hochwalde, ich kenne ihn längst, so einsam, so abseit alles menschlichen Verkehrs, daß kein Pfad, kein Fußtritt, keine Spur davon erspählich ist, überdem unzugänglich an allen Seiten, außer einer, die zu verwahren ist – sonst aber wundersam lieblich und anmutsreich, gleichsam ein freundliches Lächeln der Wildnis, ein beruhigender Schutz- und Willkommensbrief. Auf diesem Platze steht ein Haus, das ich diesen Sommer zimmern ließ, allbereits schön und wohnlich für euch eingerichtet; denn dort werdet ihr wohnen, bis es hier wieder hergestellt und gefahrlos ist. Kein Mensch kennt dessen Dasein; denn die es zimmerten, sind mir dreifach verbunden: vorerst weil ich sie in Eid und Pflicht nahm, dann weil sie mir als Untertanen seit Jahren mit Liebe zugetan gewesen, und endlich, weil ich nur solche Leute wählte, die mir zufällig vor längerer Zeit schon ihre ganze Barschaft eingehändigt, daß ich sie als Aufbewahrtes neben meinem Eigentume schütze, bis die Kriegsgefahr vorüber. Diese werden sich wohl hüten, durch Verletzung ihres Eides mir Schaden zuzuwenden. Sie wurden alle über einen sehr steilen Felsenweg dahingeführt, der aber nun durch gesprengte Steine unzugänglich ist. Wir werden einen weitern Weg durch bisher unbetretenen Wald einschlagen, wo ich es viel bequemer vermute, da der Boden eben ist, und der

Ritter meint, der Wald müsse dort sehr dünne sein, daß man sogar vielleicht reiten könne. Wo es sodann beschwerlicher wird, dort werden wir von einem Führer, der eines andern Weges von seiner Heimat herüberkommen wird, erwartet werden, und für euch wird eine Sänfte bereitet sein. Der Wald, wenn auch Urwald, ist so schön und traulich, wie bei uns, und Menschen werdet Ihr die ganze Zeit eures Aufenthaltes daselbst nicht sehen, außer die zu euch gehören. So habe ich gesorgt, und ich glaube, daß es gut sei. – – – Und nun, Kinder, redet.«

Beide, totenstill, sahen ihn an.

»Nun, Johanna«, sagte er lächelnd, »tut es dir so leid um deine Stube hier? Sieh, die dortige ist geradeso gebaut, und so eingerichtet wie die – – Nun?«

Mit ordentlicher Mühe preßte sie schüchtern die Worte heraus: »Aber ein Mörder und Wildschütze ist dort.«

Der Vater zuckte unwillig auf bei diesen Worten, sagte aber dann sehr gelassen und fest: »Es ist keiner dort. Leid ist es mir aber sehr, äußerst unangenehm ist es mir, daß das widersinnige Gerücht auch in *eure* Stube Eingang gefunden. Es ist keiner dort, glaubt es mir; denn die drei ganzen Monate, die der Ritter abwesend war, hat er mit Felix den Wald weit und breit durchsucht, und bei allen seinen Randwohnern und in allen Köhler-, Holzschläger- und Forsthütten um Grund oder Ungrund jener Gerüchte geforscht – es war überflüssige, aber zu unsrer eignen Beruhigung unternommene Vorsicht; kein Gedanke irgendeines solchen Mannes ist dort, selbst nicht die Sage von ihm, die nur müßig in unsrer Gegend schweifte – aber sehr unlieb ist es mir um euch, denn es wird unnötig eure Fantasie beschweren. Glaubst du denn, Johanna, du abtrünnig Mädchen, dein Vater werde dich zu Räubern und Mördern führen? Und wenn ein Wildschütze dort ist, so ist es ein schöner alter Mann, der zu eurer Bedienung gehören wird, und den du bald so lieben wirst, wie deinen eignen Vater. Seid wohlgemut, meine Kinder, ihr werdet von eurem neuen Wohnorte sehr traurig scheiden, und wenn wir euch verkünden werden, daß dieses Schloß wieder neu und blank herausgeputzt ist, wie vorher nie, so wird wohl auch aus dem freudigen Auge ein Tränlein auf die holde Stelle fallen, von der ihr scheidet. Werfet das Unkraut getrost aus eurem Herzen, und bedenket, daß in einem Monate hier die Kriegslager rauchen, und Waffentosen, und wüstes Handwerk statt der Harfenklänge in diesem Gemache schallen werden. Seid heiter und rüstet euch. In acht Tagen wollen wir den Weg antreten. Oder wüßtet ihr noch etwas gegen den Vorschlag?«

Sie wußten wohl beide nichts, aber wohlgemut waren sie auch nicht, sondern, wie immer, erkannten sie seine Absicht als gut, und versprachen, in einigen Tagen zur Reise vollkommen vorbereitet zu sein. In dem schönen und heitern Morgenzimmer, schwimmend im sanften Glanze der Vormittagssonne, geweiht durch die Anwesenheit zweier Engel, und angeschaut von der ruhigen Naturfeier draußen, war nunmehr mit einem Male ein düstrer Flor herniedergelassen, hinter dem drei beklommene Gesichter standen; der Vater wegen der Mädchen, diese wegen der Sache, und wie auch jedes rang nach Unbefangenheit, so war sie eben deshalb ungewinnbar.

Demgemäß trat er an das Fenster, und schaute emsig nach dem Wetter, damit nur die erste Befangenheit der Mädchen sich etwas lüften möge, und als sollte er die Himmelsschäfchen zählen, die eben vom Süd heraufzukommen begannen, so lange und sorglich sah er nach ihnen, die Hand ob den Augen haltend. Die Mädchen – es ist wunderbar, was für ein Zauber der Beruhigung in geliebten treuen Augen liegt – zwei Blicke waren es nur in die gegenseitige Güte derselben – – und Johannens Angst, eben noch riesig und unbesiegbar, war alle ganz und gar verflogen. Der Vater kam lächelnd von dem Fenster herüber, und sagte, wenn sie heute den Waldfelsen und nebstbei auch die schöne ferne anstrebende Waldmauer sehen wollten, in der, wie in einer Nische, ihr hölzern Waldschloß stehe, so müßte dies bald geschehen, und er werde auch deshalb das Sehrohr vorläufig im roten Zimmer aufstellen; denn, trügen nicht alle Zeichen, so käme gewiß heute noch ein Gewitter – er sah schelmisch nach Johanna, deren Lippen, schon wieder in allem Purpur prangend, ein leises Lächeln zu hegen und zu bergen suchten, das er gleichwohl sah und kannte. Es gehörte nämlich zu seinen Schwächen, Gewitter zu prophezeien, und wenn nach zehn ausgebliebenen eines eintraf, so überzeugte sich niemand fester von der Untrüglichkeit seiner Symptome als er selber. Ob er aber heute solche Symptome an dem spiegelreinen Himmel entdeckte, oder sich in der Trefflichkeit seines Herzens nur derlei vorgelogen, um Reiz zur Heiterkeit zu wecken – – wer könnte es entscheiden? – Genug er war vergnügt, daß er die Pein der ersten Spannung aus den ihm lieben Angesichtern schwinden sah, und wohl wissend, daß, wenn er sie verlasse, er sie eben gegenseitig in die besten Hände gebe, schritt er heiter und scherzend der Tür zu; »Clarissa«, rief er, noch die Klinke in der Hand haltend, »du wirst wieder mit deinem Anzuge die Ewigkeit brauchen – übereil dich deshalb nicht – ich habe vorher noch ein Geschäft, und wenn ihr fertig seid, mögt ihr gelegentlich in die rote Stube kommen, und es mir sagen lassen, – aber eilt deshalb nicht.«

Und somit zog er die Tür hinter sich zu.

Einzige geliebte Menschen! Ob ihnen auch der Vater die Ewigkeit ihres Anziehens selbst in den Mund legte, als Gelegenheit sich zu vertrauen und zu besprechen, so waren sie doch zu unschuldig, ihn zu verstehen, sondern sie sputeten sich maßlos, um nur irgendeinen Anzug zustande zu bringen, daß er nicht zu lange warten dürfe.

Nur ein einziges Mal hatten sich die Schwestern, als er fort war, umarmt und zwei, drei heiße Küsse auf die Lippen gedrückt als feste, kräftige, unzerreißbare Versicherungen und Siegel gegenseitigen Schutzes und Beisammenbleibens.

So wundergleich ist die Macht der Liebe, daß ihr Strahl, wenn er bei Gefahr und Not aus dem andern Auge bricht, sogleich eine eherne Mauer von Zuversicht um unser Herz erbauet, wenn er gleich aus den Augen eines zagen Mädchens kommt, das selber alles Schutzes bar und bedürftig ist.

Freudigkeit, Zutrauen, ja sogar Lustigkeit, Scherzen und Neugierde war aus jenen Küssen in die Herzen der Mädchen gekommen, und sie lachten, wenn sie in der übertriebenen Eile des Anziehens etwas verhasteten und abgeschmackt erzielten.

Sie eilten, da sie endlich fertig waren, in das rote Zimmer, und trafen dort den jungen Jäger, dem der Freiherr eben eine Strafpredigt über sein gestriges Prahlen und Haselieren hielt – »jetzt geh«, schloß er, da er die Mädchen eintreten sah, »geh und trolle dich – – – nun, nun, Sebastian, bin ich denn so furchtbar«, rief er in sanfterem Tone dem Burschen nach, »daß du dich so eilig und so linkisch fortsputest? Lasse dir unten einen Becher Wein geben, oder meinetwegen zwei. Jetzt geh.«

Der Jäger ging und der Vater wendete sich äußerst vergnügt an die Mädchen. »Ei, ei, ihr seid ja sehr bald fertig geworden; schau wie schön – jetzt wollen wir das Rohr aufstellen, und durchsehen.«

Und so geschah es.

2

Waldwanderung

Es sind noch heutzutage ausgebreitete Wälder und Forste um das Quellengebiet der Moldau, daß ein Bär keine Seltenheit ist, und wohl auch noch Luchse getroffen werden: aber in der Zeit unserer Erzählung waren diese Wälder über alle jene bergigen Landstriche gedeckt, auf denen jetzt gereutet ist und die Walddörfer stehen mit ihren kleingeteilten Feldern, weißen Kirchen, roten Kreuzen und Gärtchen voll blühender Waldbüsche. Wohl acht bis zehn Wegestunden gingen sie damals in die Breite, ihre Länge beträgt noch heute viele Tagreisen.

An dem Laufe eines frischen Waldwassers, das so klar wie flüssiges Glas unter naßgrünen Erlengebüschen hervorschießt, führt ein gewundenes Tal entlang, und in dem Tale geht heutzutage ein reinlicher Weg gegen das Holzdorf Hirschbergen, das seine malerischen hölzernen Waldhäuser zu beiden Seiten des Baches auf die Abhänge herumgestreut hat. Diese Abhänge prangen mit Matten der schönsten Bergkräuter, und mit mancher Herde, deren Geläute mit einzelnen Klängen sanft emporschlägt zu der oben harrenden Stille der Wälder. Damals aber war weder Dorf, noch Weg, sondern nur das Tal und der Bach, jedoch diese noch schöner, noch frischer, noch jungfräulicher, als jetzt, besetzt mit hohen Bäumen der verschiedensten Art. An der einen Seite des Wassers standen sie so dünne, daß sich der grüne Rasen, wie ein reines Tuch zwischen den Stämmen dahinzog, ein Teppich, weich genug selbst für den Fuß einer Königstochter. Aber kein Fuß, schien es, hat seit seinem Beginne diesen Boden berührt, als etwa der leichte Tritt eines Rehes, wenn es zu dem Bache trinken kam, oder sonst zwischen den Stämmen und Sonnenstrahlen lustwandeln ging. Heute aber war der Tag gekommen, wo die Heerschar der Gräser und Blümlein dieses Rasens, ungleich ihren tausendjährig stillen und einsamen Ahnherren, zum ersten Male etwas anderes sehen sollten, als Laubgrün und Himmelsblau, und etwas anderes hören, als das Gemurmel der Wellen.

Klare, liebliche, silberhelle Menschenstimmen – Mädchenstimmen – drangen zwischen den Stämmen vor, unterbrochen von dem teilweisen Anschlage eines feinen Glöckleins. – – Gleichsam wie lauschend dem neuen Wunder hielt die Wildnis den Atem an, kein Zweig, kein Läubchen, kein Halm rührte sich – die Sonnenstrahlen traten ungehört auf das Gras, und prägten grüngoldne Spuren – die Luft war unbeweglich, blank und dunkelblau – nur der Bach von seinem Gesetze gezwungen, sprach unaufhörlich fort, flüchtig über den Schmelz seiner Kiesel schlüpfend wie über eine bunte Glasur. – Näher und näher klangen Stimmen und Glöcklein. – Plötzlich sprang eine Gestalt vor – elfig, wie einst Libussas Mutter in schneeweißem Kleide saß sie auf schneeweißem Pferdlein, das so zartfüßig wie ein Reh kaum den Rasen eindrückend, halb hüpfend, halb spielend seine Last wie eine schwebende Feder zwischen den Stämmen hervortrug; – zwei Demanten leuchteten voran, neugierig das fernere Geheimnis des Waldes suchend – *Johannas Augen waren es*, die heiter, glänzend, freudig vorausflogen, um die Schönheit des Tages und die ausnehmende Lieblichkeit des Plätzchens vorweg zu genießen – auch das Pferdchen, Luft gewinnend zwischen den hochschaftigen weitstehenden Bäumen, spielte neckisch vorwärts, baumelnd und neigend mit Kopf und Hals, als wollte es zu eigener Freude recht oft das silberne Glöcklein erklingen lassen, das es an himmelblauem Bande um den Nacken trug. Hinter Johanna erschien nun auch Clarissa, auf einem ähnlich gezäumten Pferde, das aber hellbraun und ohne den kindischen Schmuck des Glöckleins war. Sie trug ebenfalls ein weißes Kleid.

Auch der stattliche alte Ritter wurde sofort sichtbar und ihm zur Seite ein schöner blonder Jüngling, oder vielmehr fast noch ein Knabe, der oben angeführte Felix, der Bruder der Mädchen, beide zu Pferde, und endlich noch ein fünfter Reiter, ein hoher Mann mit sprechendem Antlitze, nachlässig edel sein Pferd zwischen den schlanken Waldsäulen vorwärts geleitend, – und, wie es schien, in seine dunklen Augen nachdenklich einprägend die so schönen vor ihm schwebenden schuldlosen Gestalten.

Die Waldblumen horchten empor, das Eichhörnchen hielt auf seinem Buchenast inne, die Tagfalter schwebten seitwärts, als sie vordrangen, und die Zweiggewölbe warfen blitzende grüne Karfunkel und fliegende Schatten auf die weißen Gewänder, wie sie vorüberkamen; der Specht schoß in die Zweige, Stamm an Stamm trat rückwärts, bis nach und nach nur mehr weiße Stückchen zwischen dem grünen Gitter wankten – und endlich selbst die nicht mehr – aber auch der Reiter tauchte in die Tiefe des Waldes, und verschwand, und wieder nur der glänzende Rasen, die lichtbetupften Stämme, die alte Stille und Einöde und der dareinredende Bach blieben zurück, nur die zerquetschten Kräutlein suchten sich aufzurichten und der Rasen zeigte seine zarte Verwundung. – Vorüber war der Zug – unser lieblich Waldplätzchen hatte die ersten Menschen gesehen.

Immer entlang dem Waldbache, aber seinen Wassern entgegen geht der Zug, sich vielfach windend, und biegend, um den tiefer hängenden Ästen und dem dichteren Stande der Bäume auszuweichen. – Sie betrachten und vergnügen sich an den mancherlei Gestaltungen des Waldes. Die vielzweigige Erle geht am Wasser hin, die leichte Buche mit den schönfarbigen Schaften, die feste Eiche, die schwanken Halme der Fichten stehen gesellig, und plaudern bei gelegentlichen Windhauchen, die Espe rührt hiebei gleich *alle* ihre Blätter, daß ein Gezitter von Grün und Silber wird, das die Länge lang nicht auszutaumeln und auszuschwingen vermag – der alte Ahorn steht einsam und greift langarmig in die Luft – die Tannen wollen erhabne Säulengänge bilden, und die Büsche, Beeren und Ranken, gleichsam die Kinder, sind abseits und zurück in die Winkel gedrängt, daß mitten Raum bleibe für hohe Gäste. Und diese sind auch gekommen. Frei und fröhlich ziehen sie das Tal entlang.

Wer die Gesichter der Mädchen ansieht, wie sie doppelt rein und zart neben dem dunkeln Grunde des Waldlaubes dahinschweben, wie sie blühend und vergnügt aus dem wallenden weißen Schleier des Kopfschmuckes herausblicken – der hätte nicht gedacht, daß sie sich noch kürzlich so sehr vor diesen Wäldern fürchteten und scheuten. Johanna blieb fast immer an der Spitze, wie sie ihrer Natur gemäß sich vorher unmäßig fürchtete, so freute sie sich auch jetzt unmäßig – und von dem zarten Rot, das sie sich beim Abschiede vom Hause in die Augen geweint hatte, war keine Spur mehr sichtbar.

Die Pracht und Feier des Waldes mit allem Reichtume und aller Majestät drang in ihr Auge und legte sich an ihr kleines Herz, das so schnell in Angst, aber auch so schnell in Liebe überfloß – und jeder Schritt gab ihrer Einbildungskraft neuen Stoff, war es nun ein seltsamer Strauch, mit fremden glühend roten Beeren überschüttet, oder war es ein mächtiger Baum von ungeahnter Größe – oder die schönen buntfarbigen Schwämme, die sich an Stellen schoben und drängten, oder war es ein plötzlich um eine Ecke brechender Sonnenstrahl, der die Büsche vor ihr in seltsames grünes Feuer setzte, und aus unsichtbaren Waldwässerchen silberne Funken lockte, – oder war es endlich dieser oder jener Ton, der als Schmelz, oder Klage, als Ruf oder Mahnung aus der Kehle eines Waldvogels tief aus den ferneren geahneten Waldschoßen drang. – Alles fiel in ein schon aufgeregtes empfangendes Gemüt. Clarissas edles Angesicht lag liebreich ruhevoll dem Himmel offen, der zwischen den Ästen festlich wallend sein Blau hereinhängen ließ, und erquicklich seine Luft um ihre lieben sich färbenden Wangen goß; – – wie ein schöner Gedanke Gottes senkte sich gemach die Weite des Waldes in ihre Seele, die dessen unbewußt in einem stillen und schönen und sanften Fühlen dahinwogte. Selbst der alte Freiherr empfand sich in der freien Luft wie gestählt, und von einem frischen Hauche seiner Jugend angeweht.

So ritten sie alle vorwärts, und wenn auch die Bäume und Gesträuche oft stellenweise sich zusammendrängten, und sich ihnen entgegenstellten, so fanden sie doch immer wieder einen Ausweg, der sie vorwärts geleitete, tiefer und tiefer in das Tal hinein, das die Wiege des ihnen begegnenden Baches war.

Der Vater, wo es die Stellen zuließen, ritt gerne an die Seite der Mädchen und sprach und kosete mancherlei mit ihnen. Felix war bald vorne bei den Schwestern, bald hinten bei dem nachdenklichen Reiter.

Endlich wurde der Boden so ansteigend, und der Waldbestand so dichte, daß das Weitervordringen immer beschwerlicher ward, bis sie zuletzt zu einem Felsen gelangten, der jede weitere Aussicht zu verstellen schien: aber eben dieser Felsen war auch das glücklich erreichte Ziel, das sie vorderhand mit ihrer Wanderung anstrebten; auch war der Gegenstand, den sie hier antreffen sollten, bereits allen Augen sichtbar. Ein alter Mann saß in der Nachmittagssonne an dem glänzenden Gesteine und hatte den Kopf in seine Hände gestützt, als schlummere er, oder denke nach. Zu seiner

Seite lag ein Feuergewehr und ein langer Waldstock. Die Mädchen stutzten, und eine heftige Furcht schien Johannen zu fassen, obwohl sie wußte, daß man einen Führer erwarte. Bei dem Annähern der Reitergesellschaft, insbesondere der zögernden Mädchen, stand er auf und entblößte sein Haupt, indem er den breiten beschattenden Hut von demselben herabzog – schneeweiße Haare wallten den Blicken der Mädchen entgegen, zurückweichend von einer Stirne, die hoch und schön gewölbt, aber tiefbraun und von den Linien des Hochalters gefurcht war – zwei große treuherzige Augen sahen zu ihnen hinauf, in ihrer Schwärze seltsam abstechend gegen die zwei schneeweißen Bogen, die sich über ihnen spannten. – Auf den harten Wangen lag Sonnenbrand, Alter und Gesundheit.

Von aller Furcht erlöset, erwiderte Johanna zierlich seinen Gruß, und bei dem zweiten und dritten Blick mußte sie ihm schon gut sein – eine solche eherne Einfalt und Güte prägte sich in der ganzen Gestalt aus, wie er dastand und sie alle mit den klugen Augen ansah.

Man war nach und nach abgestiegen, und der alte Freiherr trat auf den Erwartenden zu, schüttelte ihm die Hand, die der andere ohne Zögern dargereicht hatte, und sagte freudig: »Gott grüße dich, Gregor, Gott grüße dich tausendmal; so haben wir uns doch noch einmal in diesem Leben gesehen – aber, Knabe, *alt* sind wir geworden, seit wir in dem Jungwalde zum letzten Male miteinander jagten – alt, alt –.«

Freilich waren sie alt geworden, das sahen die jungen Begleiter alle, die seitwärts standen, und sämtlich ihre Blicke auf die zwei Greise hefteten. – Es war ein schöner Anblick, wie sie dastanden, beide so ungeheuer verschieden und beide doch so gleich. Der Freiherr, wie gewöhnlich, im schwarzsamtnen Kleide, der andere in dem gröbsten grauen Tuche; der Freiherr, obwohl gebräunten und gefurchten Antlitzes, doch fast mädchenhaft weiß gegen die dunkle Sonnenfarbe des andern, ein Stubenbewohner gegen den Genossen des Mittagsbrandes und des Sturmes; der eine ein Sohn der Waffen, die er einst geführt mit Grazie und Kraft, jetzt zum Danke von ihnen geschmückt; der andere ein Bruder des Felsens neben ihm. Siebenzig Jahre sind Regen und Sonnenschein vergeblich auf beide gefallen, sie sind beide nur ein wenig verwittert – der eine mit dem Anstande der Säle, der andere mit dem der Natur; aber schön sind sie beide, und ehrwürdig beide, beide der Abglanz einer großgearteten Seele, und das Haarsilber liegt mit all der Unschuld des Alters auf ihrem Haupte.

»Ja«, erwiderte Gregor, »wir mögen wohl um eine Handvoll Jahre gealtert sein. Herr, – Eure braunen Haare sind seitdem auch alle ganz weiß geworden. Ich bin sehr erfreut, Euch noch einmal zu sehen, Ihr waret damals ein freundlicher zugänglicher Herr.«

»Und du ein lustiger, goldtreuer Jäger. Siehe das habe ich nie vergessen, und wie mir der Knabe da von dir erzählte, daß er dich in dem Walde gefunden, und daß du ihn so lieb habest, so erfreute sich mein altes Herz darüber, und ich dachte, er wird wohl des Vaters nicht vergessen haben, und deshalb, Gregor, gebe ich dir meine Kinder in den Schutz – Gott gab mir den Gedanken, *dich* dazu auszuwählen, als alten wohlbekannten Freund und Kameraden. Siehe, diese zwei Mädchen sind mein; sie werden dir recht gut sein, und die Hand und das Haupt ehren, so über ihnen wacht.«

Des alten Mannes Augen erglänzten, wie von einem melancholischen Strahle der Freude, als er dieses hörte, und seine Blicke, wie zwei Adler, gegen die Mädchen kehrend, sagte er: »Sie sind zwei schöne Waldblumen; es wäre schade, wenn sie verkämen.« – Und er konnte seine Augen ordentlich gar nicht zurückziehen, als ihm die sanften glänzenden Blicke der zwei schönen Wesen vor ihm begegneten.

»Tritt näher, Johanna«, sagte der Freiherr, »und reiche diesem Manne die Hand; er wird nun längere Zeit bei euch leben.«

Johanna tat es augenblicklich. Der alte Mann reichte die seine fast verschämt zögernd hin, und es war eine seltsame Vermählung, ein lieblicher Gegensatz, als sich ihre weiche kleine Hand, wie eine Taube in die Felsen seiner Finger duckte, – auch Clarissa reichte ihm ungeheißen ihre schöne Rechte, und auch Felix und der fremde Ritter hießen ihn willkommen.

Der alte Jäger hatte sichtliche Freude an den Mädchen; das sah man an der Art, wie er dem Freiherrn alle die Anstalten auseinandersetzte, die er zum Weiterkommen getroffen habe. Von hier aus sollen die Pferde zurückgeschickt werden, sobald des Freiherrn Beauftragter eingetroffen, dann gehe man über den Hirschfelsen zu Fuß, und jenseits warte schon eine zweisitzige Sänfte für die Jungfrauen. Die Männer müssen sie alle zu Fuße begleiten.

Als er noch sprach, kamen drei Männer über den Felsen herüber, die den Freiherrn ehrerbietig grüßten. Sie waren die Bestellten. Sofort wurden ihnen die Pferde übergeben mit der Weisung, sie zurückzuführen bis Pernek, um dort auf weitere Verordnung zu warten. Johanna umarmte fast ihr kleines weißes Rößlein, und dieses, als betrübe es sich um seine Herrin, ging traurigen Auges und gesenkten Hauptes hinter seinem Führer.

Man nahm an dem Felsen ein kleines Mahl, und eine andere Wanderung begann nun. Der Schutz des Vaters und des fremden Reiters, den der Freiherr immer bloß mit dem Namen »Ritter« anredete, hörte auf, und es begann der des alten Jägers, dem der Freiherr mit vielem Lachen erzählte, wie ihn seine törichte Tochter

Johanna für einen furchtbaren Wildschützen gehalten, der in dem entsetzlichen Walde sein Unwesen treibe – und wie sie ihn nun mit so freundlichen Augen ansehe, und in den Wald nun begierig wie in eine liebliche grüne Fabel eindringe. Nur ein kurzer, für Sänften ungangbarer Felsensteig war zu erklimmen, und sie traten wieder auf einen Rasenplatz hinaus, wo zwei Männer mit einer Sänfte harrten. Die Mädchen stiegen ein, und mit dem alten Jäger an der Spitze schlug die Gesellschaft einen Weg ein, der mit dem Tale der Hirschberge einen rechten Winkel bildete.

Die Nachmittagssonne war schon ziemlich tief zu Rüste gegangen, und spann schon manchen roten Faden zwischen den dunklen Tannenzweigen herein, von Ast zu Ast springend, zitternd und spinnend durch die vielzweigigen Augen der Himbeer- und Brombeergesträuche – daneben zog ein Hänfling sein Lied wie ein anderes dünnes Goldfädchen von Zweig zu Zweig, entfernte Berghäupter sonnten sich ruhig, die vielen Morgenstimmen des Waldes waren verstummt, denn die meisten der Vögel arbeiteten, oder suchten schweigend in den Zweigen herum. Manche Waldlichtung nahm sie auf und gewährte Blicke auf die rechts und links sich dehnenden Waldrücken und ihre Täler, alles in wehmütig feierlichem Nachmittagsdufte schwimmend, getaucht in jenen sanftblauen Waldhauch, den Verkünder heiterer Tage, daraus manche junge Buchenstände oder die Waldwiesen mit dem sanften Sonnengrün der Ferne vorleuchteten. So weit das Auge ging, sah es kein ander Bild als denselben Schmelz der Forste, über Hügel und Täler gebreitet, hinausgehend bis zur feinsten Linie des Gesichtskreises, der draußen am Himmel lag, glänzend und blauend, wie seine Schwester, die Wolke. Selbst als sie jetzt einen ganz baumfreien Waldhügel erstiegen hatten, und der alte Gregor der wundervollen Umsicht halber sogar die Sänfte etwas halten ließ, ging der Blick wohl noch mehr ins Weite und Breite, aber kein Streifchen, nur linienbreit, wurde draußen sichtbar, das nicht dieselbe Jungfräulichkeit des Waldes trug. – Ein Unmaß von Lieblichkeit und Ernst schwebte und webte über den ruhenden dämmerblauen Massen. – Man stand einen Augenblick stumm, die Herzen der Menschen schienen die Feier und Ruhe mitzufühlen; denn es liegt ein Anstand, ich möchte sagen ein Ausdruck von Tugend in dem von Menschenhänden noch nicht berührten Antlitze der Natur, dem sich die Seele beugen muß, als etwas Keuschem und Göttlichem, – – und doch ist es zuletzt wieder die Seele allein, die all ihre innere Größe hinaus in das Gleichnis der Natur legt.

Die Gemüter der Mädchen, wie sie so dasaßen in ihrer Sänfte und wie zwei Engelsbilder aus einem Rahmen herausschauten, erweiterten sich und hoben sich, und fast war alle Sorge um zu Hause verlassene Erdengüter von ihnen abgefallen – die Blumen ihrer Herzen, die Augen, schauten glänzend hinaus in die schöne Welt, und waren selbst schöner als sie – auf ihrem schmalen Brettchen mußten sie jede den einen Arm um die andere schlingen, und die Herzen, die sich fast gegenseitig schlagen hörten, hätten sich gerne noch fester aneinandergedrückt, um sie nur zeigen zu können, die unbegrenzte Fülle von Liebe und Güte, die sie zueinander hatten.

Der alte Gregor tupfte endlich mit der Hand an den Sänftenrand, und zeigte rechts hinüber auf einen machtvollen schwarzblau hereingehenden Waldrücken, von grauen Felsenbändern schräge gestreift, die aber kaum sichtbar waren in dem Funkeln und Dämmern der Luft. – »Seht«, sagte er, »das ist das Ziel unserer Reise, und wir müssen heute noch fast bis auf zwei Drittel gegen seine Schneidelinie hinauf. Der Platz hier hat etwas wunderlich Zutunliches, und ich wußte, daß er Euch gefallen müsse, aber die Sonne neigt sich der Wand zu, und wir müssen weiter.«

»Ja, ja«, fuhr er fort, als man die Sänfte wieder aufgenommen hatte, und die andere Seite des Waldhügels hinabging – »ja, ja, schöne Jungfrauen, der Wald ist auch schön, und mich dünkt manchesmal, als sei er noch schöner, als die schönen Gärten und Felder, welche die Menschen machen, weil er auch ein Garten ist, aber ein Garten eines reichen und großen Herrn, der ihn durch tausend Diener bestellen läßt; in ihm ist gar kein Unkraut, weil der Herr jedes Kräutlein liebet und schätzt – er braucht auch ein jedes für seine vielen tausend Gäste, deren manche lecker sind und ganz Besonderes verlangen. – Sehet, da habe ich draußen – es sind wohl einige Wegestunden von hier – da habe ich auch ein paar Kühe, viele Ziegen, auch Hafer- und Gerstenfelder – jetzt gehört alles meinem Enkel – der pflegt und hegt es – – aber wenn ich damals, vor zwanzig, dreißig Jahren, von meinem Hauswesen so des Sonntags in den Wald heraufging in die Länge und Weite immer tiefer, so allerlei sinnend, oft auf das Wild gar nicht einmal achthabend, so war das ein lieblicherer, anmutigerer Tag, als die ganze andere Woche, und öfter wollte es mich bedünken, als hätte ich da eine schönere Vesper gefeiert, als die hinaus in die Nachmittagskirche, aber auch in das Schenkhaus gegangen sind; denn seht, ich habe mir immer mehr und mehr ein gutes Gewissen aus dem Walde heimgetragen. Es kann ja auch nicht anders sein; – denn wie ich nachgerade mutiger wurde, und weiter und weiter hereinkam, auch mehr Zeit hatte, da mein Sohn Lambrecht das Hauswesen überkam – sehet, da fing ich an, allgemach die Reden des Waldes zu hören, und ich horchte ihnen auch, und der Sinn ward mir aufgetan, seine Anzeichen zu verstehen, und das war lauter Prachtvolles und Geheimnisreiches und Liebevolles von dem großen

Gärtner, von dem es mir oft war, als müsse ich ihn jetzt und jetzt irgendwo zwischen den Bäumen wandeln sehen. – – Ihr schaut mich mit den schönen Augen seltsam an, Jungfrau – aber Ihr werdet, wenn Ihr länger hier bleibt, schon auch etwas lernen; denn Eure Augen sind schön und klug. In allem hier ist Sinn und Empfindung; der Stein selber legt sich um seinen Schwesterstein, und hält ihn fest, alles schiebt und drängt sich, alles spricht, alles erzählt und nur der Mensch erschaudert, wenn ihm einmal ein Wort vernehmlich wird. – Aber er soll nur warten, und da wird er sehen, wie es doch nur lauter liebe gute Worte sind.« – –

Johanna sah mit unverhohlnem Erstaunen in das Antlitz des alten Waldsohnes, und es begann ihr ordentlich immer schöner zu werden. Man war mittlerweile wieder ins Tal zu einem rauschenden springenden Bach gekommen, und Gregor mußte sein Gespräch abbrechen, weil er hier wieder Anordnungen behufs des Weitergehens zu machen hatte.

»Vater, Vater«, sagte Johanna leise, »welch einen seltsamen Menschen habt Ihr uns hier beigegeben!«

»Kind, dies ist ein Kleinod der Wüste«, erwiderte der Vater, »niemand weiß dies weniger, als er selber; du wirst oft auf seine Worte horchen wie auf Klänge silberner Glocken, du wirst von ihnen vieles lernen – und er wird euch eine Stimme der Wüste sein, wenn ihr fern von der Heimat in der Einsamkeit leben müsset. Wir haben vor Jahren manche Tage miteinander verlebt, damals war er kühner und feuriger, aber die wunderlichen Gedanken seines Herzens spannen sich schon damals, wie ein seltsamer ausländischer Frühling, aus ihm heraus, und wenn wir so oft einen langen Nachmittag miteinander allein zu einem fernen Jagdzuge gingen, und er zutraulich wurde, und das Band seiner Reden und Fantasien löste, so warf er Blüten und Bäume, Sonne und Wolken durcheinander, und abenteuerlich Glauben und Grübeln, daß es mir oft nicht anders war, als würde aus einem alten schönen Dichtungsbuche gelesen. Manche höhnten ihn, und gegen diese verschloß er wie mit Felsen den Quell seiner Rede, aber ich habe ihn jederzeit geliebt, und er mich auch. Er war es, der mir einst den schönen einsamen Platz zeigte, zu dem wir eben auf der Wanderung sind, und den vielleicht kein Mensch weiß, und er ist es auch, der nicht um Geld und Geldeswert, sondern ebenfalls aus alter Liebe zu mir, und neuer zu euch, wenn ihr sie nicht verscherzet, sich entschlossen hat, die Zeit eures Waldaufenthaltes bei euch zu wohnen, um mit dem Reichtume seiner Erfahrungen zu eurem Schutze behülflich zu sein.«

Der Gegenstand, von dem die Rede war, trat indessen wieder hervor, als ziehe es ihn zu der Gegenwart der lieblichen Wesen, die ihm anvertraut werden sollten. Der Bach, an dem man jetzt entlang und ihm entgegen stieg, war nicht das klare Waldwasser aus dem Tale der Hirschberge, sondern ein wild einherstürzender schäumender Bergbach mit goldbraunem durchsichtigem Wasser. Man ging immer an seinen Ufern, und die Männer mit der Sänfte stiegen rüstig von Stein auf Stein, wie sie so weiß auf dem schwarzmoorigen Grunde umherlagen, von dem Wasser geschlemmt und gebleicht. Das Land hob sich sanft der blauen Waldwand entgegen, auf die Gregor gezeigt hatte. Man eilte sichtlich; denn am Rande der Wand, die, wie man ihr näher kam, immer größer und kühler emporstieg, spielten schon die Strahlen der Abendsonne in breiten Strömen herein, und legten einen mattroten Goldschein weithin auf die gegenüberliegenden Waldlehnen. Am kühlblauen Osthimmel wartete schon der Halbmond. Der Boden fing an, sehr merklich emporzusteigen, und wilder und wilder zu werden. Manch zerrißner Baumstamm stand an ihrem Wege – mancher Klotz war in das Wirrsal der Ranken und Schlingkräuter geschleudert, um dort zu vermodern, oder auch öfters kamen sie zwischen manneshohen Farrenkräutern durch, oder Himbeergesträuchen, die oft mit Beeren bedeckt waren, von ferne zu sehen, als hätte man ein rotes Tuch über sie gebreitet.

Da sie gelegentlich wieder an einer Espe vorüberkamen, deren Blätter, obwohl sich kein Hauch im ganzen Walde rührte, dennoch alle unaufhörlich zitterten, so sagte Clarissa zu dem Alten, wenn er die Zeichen und die Sprache der Wälder kenne und erforsche, so wisse er vielleicht auch, warum denn gerade dieser Baum nie zu einer Ruhe gelangen könne, und seine Blätter immer taumeln und baumeln müssen.

»Es sind da zwei Meinungen«, entgegnete er, »ich will sie Euch beide sagen. Meine Großmutter, als ich noch ein kleiner Knabe war, erzählte mir, daß, als noch der Herr auf Erden wandelte, sich alle Bäume vor ihm beugten, nur die Espe nicht, darum wurde sie gestraft mit ewiger Unruhe, daß sie bei jedem Windhauche erschrickt und zittert, wie jener ewige Jude, der nie rasten kann, so daß die Enkel und Urenkel jenes übermütigen Baumes in alle Welt gestreut sind, ein zaghaft Geschlecht, ewig bebend und flüsternd in der übrigen Ruhe und Einsamkeit der Wälder. Darum schaute ich als Knabe jenen gestraften Baum immer mit einer Art Scheu an, und seine ewige Unruhe war mir wie Pein. Aber einmal, es war Pfingstsonntags Nachmittag vor einem Gewitter, sah ich (ich war schon ein erwachsener Mann) einen ungemein großen Baum dieser Art auf einer sonnigen Waldblöße stehen, und alle seine Blätter standen stille; sie waren so ruhig, so grauenhaft unbeweglich, als wären sie in die Luft eingemauert, und sie selber zu festem Glase erstarrt – es war auch im ganzen Walde kein Lüftchen zu spüren und keine

Vogelstimme zu hören, nur das Gesumme der Waldfliegen ging um die sonnenheißen Baumstämme herum. Da sah ich mir denn verwundert den Baum an, und wie er mir seine glatten Blätter, wie Herzen, entgegenstreckte, auf den dünnen, langen, schwanken Stielen, so kam mir mit eins ein anderer Gedanke: wenn alle Bäume, dacht' ich, sich vor dem Herrn geneigt haben, so tat es gewiß auch dieser, und seine Brüder; denn alle sind seine Geschöpfe, und in den Gewächsen der Erde ist kein Trotz und Laster, wie in dem Menschen, sondern sie folgen einfältig den Gesetzen des Herrn, und gedeihen nach ihnen zu Blüte und Frucht – darum ist nicht Strafe und Lohn für sie, sondern sie sind von ihm alle geliebt – und das Zittern der Espe kommt gewiß nur von den gar langen und feinen Stielen, auf die sie ihre Blätter, wie Täfelchen stellt, daß sie jeder Hauch lüftet und wendet, worauf sie ausweichen und sich drehen, um die alte Stellung wiederzugewinnen. Und so ist es auch; denn oft habe ich nachher noch ganz ruhige Espen an windstillen Tagen angetroffen, und darum an andern, wo sie zitterten, ihrem Geplauder mit Vorliebe zugehört, weil ich es gutzumachen hatte, daß ich einstens so schlecht von ihnen gedacht. Darum ist es aber auch ein sehr feierlicher Augenblick, wenn selbst sie, die so leichtfertige, schweigt; es geschieht meistens vor einem Gewitter, wenn der Wald schon harret auf die Stimme Gottes, welche kommen und ihnen Nahrung herabschütten wird. – Sehet nur, liebe Jungfrauen, wie schmal der Fuß ist, womit der Stiel am Holze, und das Blatt am Stiele steht, und wie zäh und drehbar dieser ist – – sonst ist es ein sehr schönes Blatt.«

Bei diesen letzten Worten hatte er einen Zweig von einer der Espen gerissen und ihn Clarissen hingereicht.

»Es ist ein Zeichen, daß wir eine schöne Nacht bekommen«, fuhr er fort, »da diese Zweige so munter sind; vor dem Nachtregen werden sie gern ruhiger.«

»Kommen wir denn in die Nacht?« fragte Johanna.

»Wenn es auch geschähe«, antwortete der Jäger, »so steht ja schon dort am Himmel der aufnehmende Mond, der so viel Licht gibt, daß gute und achtsame Augen genug haben. Aber ich denke, daß wir ihn gar nicht mehr brauchen werden.«

Das Laubholz wurde seltener und die ernste Tanne und Fichte zog ständeweis gegen die Bergbreiten – der rote Sterbeglanz des Tages auf dem jenseitigen Joche ging langsam gegen die Bergschneide empor, und aus dem Tale hoben sich die blauen Abendschatten – der Halbmond wurde jede Minute sichtlich glänzender an seinem bereits stahlblauen Osthimmel. Der Freiherr drängte sich durch Farrenkraut und Schlinggewächse, um an der Seite der Sänfte zu bleiben.

Felix war mit dem Ritter in tiefem Gespräche begriffen, und ziemlich weit hinten geblieben. Der Bach war stellenweise gar nicht mehr sichtbar und hörbar, weil er unter übergewälzten Felsenstücken hinfloß.

So mochte die Wanderung noch eine halbe Stunde gedauert haben, und eine dichtere Finsternis blickte schon aus den Tiefen der Fichtenzweige, die sich so nahe drängten, daß sie häufig die Sänfte streiften – da blitzte es sie mit einem Male durch die Bäume, wie glänzendes Silber an. Sie stiegen einen ganz kleinen Hang nieder, und standen an der weit gedehnten Fläche eines flimmernden Wassers, in dessen Schoße bereits das zarte Nachbild des Mondes wie ein blödes Wölklein schwamm. Ein leises Ach des Erstaunens entfuhr den Mädchen, als sie den schönen See erblickten, da sie derlei in dieser Höhe, die sie erstiegen zu haben meinten, gar nicht vermuteten – ein flüchtig Schauern rieselte durch Johannas Glieder, da dies ohne Zweifel jener Zaubersee sei, von dem sie gehört hatte. – Die hohen Tannen, die dem Ufer entlangschritten, schienen ihr ordentlich immer größer zu werden, da sie gemach und feierlich den einfärbigen Talar der Abenddämmerung angetan und von ihren Häuptern fallen ließen, wodurch sie massenhafter und somit größer wurden. – Die jenseitige Felsenwand zeichnete sich schwach silbergrau, wie ein zartes Fantasiebild, in die Luft, zweifelhaft, ob sie nicht selbst aus Luft gewoben sei; denn sie schien zu schwanken, und sich nach dem Takte zu neigen, aber es waren nur die Wasser, die sich abendlich bewegten.

Der Vater hieß die Mädchen aussteigen, und mit Freuden verließen sie das enge tragbare Gefängnis. Ein Floß lag am Gestade, und trug ein erhobenes Gerüste mit Sitzen für die Gesellschaft. Man bestieg ihn, und die zwei Sänftenträger, und noch zwei andere Männer, die man bei dem Floße stehend vorgefunden, lenkten das Fahrzeug in den See hinaus, gerade auf die Felsenwand zu. Die Waldmassen traten zurück und verschränkten sich dem Auge nach und nach zu einer hohen dichten schwarzgrünen Mauer, die das Wasser umfängt – die Felsenwand trat näher, und stieg so mauerrecht aus dem See empor, daß man nicht absah, wie zu landen sein werde, da wohl kein handgroß Steinchen dort liegen möge, um darauf stehen zu können: allein zur größten Überraschung in diesem Lande der Wunder tat sich den Mädchen auch hier wieder eines auf. Wie man der Wand sich näherte, wich sie zurück, und legte ein liebliches Rasenland zwischen sich und den See und auf dem schönen Grün desselben sahen die Mädchen nun auch ein geräumiges hölzernes Haus stehen, nach Art der Gebirgshäuser gebaut – und alle seine Fenster schimmerten sie gastlich silbern an, schwach erglänzend von dem Scheine der weißen aufblühenden Rosenknospe des Mondes.

Das Reiseziel war erreicht. Weibliche Diener der Mädchen stürzten gegen das Ufer, Hand und Kleider ihrer holden Gebieterinnen küssend, und voll Freude, daß sie endlich gekommen. Das sämtliche Dienstgesinde, das aus zwei Mägden und drei Knechten bestand, wurde einige Tage vorher mit der größten Mühseligkeit über die Felsenrücken herübergebracht, da man den weiteren, aber leichteren Weg durch den Urwald noch nicht wußte, den Gregor erst für den Freiherrn ausgekundschaftet hatte. Mit freundlichen Worten dankten die Mädchen den Sänftenträgern und Ruderern, und dann, der Freiherr Johannen, der Ritter Clarissen am Arme nehmend, führten sie dieselben die Treppe hinan in eine Art Tafelzimmer, wo für alle, die Diener und Träger mit eingeschlossen, ein Abendmahl bereitet stand. Nach Beendigung desselben, und tausend Gutenachtwünschen führte der Freiherr mit schmerzlich freudigen Gefühlen seine Töchter in die zwei für sie bestimmten Gemächer. Ein Ruf der Überraschung und ein doppeltes Umschlingen der schönen Arme lohnte ihn; denn bis zum Erschrecken ähnlich waren die Zimmer denen, die sie zu Wittinghausen bewohnt hatten. Der Vater küßte beide auf die Stirne, wünschte ihnen eine friedensreiche gute erste Nacht und ging zur Tür hinaus – die Mägde wurden sogleich entlassen – und nun, als die Tür verriegelt war, gleichsam als hätte ein Hemmnis bisher die Flut gewaltsam zurückgehalten, brach sie vor: die Mädchen stürzten sich in die Arme, Herz an Herz verbergend, ja fast vergrabend ineinander, und sich die zarten Siegel der Lippen anpressend, so heiß, so inbrünstig, so schmerzlich süß, wie zwei unglückselig Liebende und fast ebenso trennungslos. – – Also ist es wahr, die Heimat, das gute Vaterhaus ist preisgegeben und verloren, all ihr früher Leben ist abgeschnitten, sie selbst wie Mitspieler in ein buntes Märchen gezogen, alles neu, alles fremd, alles seltsam und dräuend – in dem drohenden Wirrsal kein Halt, als gegenseitig die warmen Lippen, das treue Auge und das klopfende Herz.

Aber als bei den Mädchen Tränen und Kosen in Ruhe übergegangen, traten sie auf den hölzernen Söller, der vor ihren Fenstern lief, heraus, und blickten noch, ehe sie schlafen gingen, in die kühle beruhigende Nacht. Der See lag zu ihren Füßen, Stücke schwarzer Schatten und glänzenden Himmels unbeweglich haltend, wie erstarrte Schlacken – der Wald dehnte seine Glieder weithin im Nachtschlummer, die feuchten Mondesstrahlen spannen von Berg zu Berg, und in dem Tale, woher die Wanderer gekommen sein mochten, blickte ruhender Nebel auf.

Gute Nacht, ihr lieben schönen fürchtenden Herzen, gute Nacht!

3
Waldhaus

Des andern Tages morgens nahm der Vater, der Bruder und der Ritter Abschied. Der Freiherr erklärte, daß er es für Pflicht halte, zu seinem Schlosse zurückzukehren, um es, falls es nur eine streifende Rotte berührte, gegen selbe zu halten, oder wenn ein Hauptschlachthaufe einträfe, es ehrenvoll und vielleicht vorteilhaft zu übergeben, und dadurch, daß er sich der kriegerischen Ehre der Schweden als Gefangenen überliefere, die Forschung nach andern Bewohnern des Schlosses zu vereiteln, da es niemanden einfallen werde, weiter nach Mädchen zu fragen, wenn der Gebieter der Burg in ihren Händen sei. Felix, trotz der Bitten der Schwestern und des Vaters, konnte nicht bewogen werden, sich von letzterem zu trennen. Was die beweglichen Güter, Geld und Geldeswert, anlangte, eröffnete ihnen der Freiherr, daß er dasselbe dem Schoße der Erde anvertraut habe, und daß, wenn man von dem Muttergottesbilde an der großen Buche im Wittinghauser Forste abwärts stiege, und den Stein der neunten Stufe aufhöbe, dort in einer blechernen Kapsel sich Auskunft darüber vorfände. Er eröffnete ihnen dieses, falls Gott etwas Menschliches über ihn verhänge. – Mitwisser seien übrigens nur noch Felix und der Ritter.

Und somit, schloß er, mögen sie ihn durch unmäßige Trauer nicht betrüben: ihr größter Schutz sei ihre Einsamkeit. Er lasse ihnen drei Knechte zurück, welchen sie jede Art Aufträge hinsichtlich des Herbeischaffens von Lebensmitteln erteilen könnten, Gregors zweiter Enkel werde von Zeit zu Zeit Botschaften zwischen hier und Wittinghausen tragen, und nebst andern unter der Leitung Gregors stehen, daß, sobald sich etwas Verdächtiges an der Waldgrenze ereigne, es demselben sogleich angezeigt werde; denn er besitze Mittel in seiner Kenntnis der Wälder, sie immerhin zeitweise an Orte zu führen, wo sie vor einer vorübergehenden Gefahr sicher wären. Zu ihrer noch größeren Beruhigung lege er ihnen außer der gänzlichen Abgeschiedenheit noch die feste Lage ihres Hauses vor Augen: rückwärts ist die unzugängliche Seewand, links des Hauses stürzt der Blockenstein mit einem vorspringenden Pfeiler senkrecht in das Wasser, und rechts, wo der See umgangen werden könne, ist der Paß durch eine künstliche Seebucht abgegraben, und noch durch einen Verhau der größten Tannen geschützt, so daß der Zugang nur über den See möglich ist. Selbst für den Fall, daß sich ein Haufe bis in diese Einöden verschlüge, wisse Gregor einige Stunden von hier in den höchsten Klippen, nur ihm zugänglich, eine Höhle, wo er sie verbergen könnte, bis die Gefahr vorüber. Zwei Flöße, ein größerer und kleinerer, auf jedem ein kugeldichtes Häuschen, stehen zu ihrer Verfügung, aber nie soll einer am jenseitigen Ufer selbst nicht für Augenblicke liegenbleiben, auch sollen sie die Spaziergänge nie über ihren Rasenplatz zwischen See und Felsenwand ausdehnen, ohne daß sie Gregor davon in Kenntnis setzen, oder er sie begleitet. Sei auch alle diese Vorsicht übertrieben, so diene sie zu seiner Beruhigung, daß er sich nicht sagen dürfe, er habe etwas vergessen, was vielleicht not täte. Gegen wilde Tiere brauchten sie ohne Furcht zu sein; das sei das Merkwürdige dieser Wälder, daß man nie in ihnen einen Wolf getroffen; Luchse seien höchst selten, und nur in den dichtesten Beständen – und wenn ja ein Bär sie ansichtig würde, so sei er ein zu gutgeartet Tier, als daß er nicht vor ihnen auf das eiligste davonliefe, dies habe er selbst in seinem langen Leben wohl ein dutzendmal gesehen – zudem sei ihnen Gregors Büchse immer zur Hand. So, denke er, seien sie hinlänglich geschützt, wenn nicht ein Wunder geschieht, und dieses stehe in Gottes Hand, die uns hier und überall erreichen kann. Dann trug er ihnen noch auf, vorsichtig mit dem Lichte umzugehen, da alles von Holz sei; deswegen habe er auch die Küche abseit des Hauses in das steinerne Häuschen verlegt, damit von dieser Seite keine Gefahr entstehe. In der Kiste, die noch im Speisezimmer stehe, finden sie Stoffe von Seide, Wolle und Linnen; sie mögen zerschneiden und verarbeiten, wie viel sie wollen; Nadeln und Nähzeug liege auch im Vorrate dabei, nebstdem Bänder und Schleifen, auch Bücher, Papiere, Farben und bunte Dinte – in der dreieckigen Kiste ist die Harfe. Er hoffe, daß sie keinen Schaden gelitten haben werde, als man sie mit Stricken über Felsen herablassen mußte – zurück wolle er sie über das Hirschental bringen lassen – der Ritter lasse auch sein Fernrohr da, daß sie zuweilen auf den Blockenstein steigen, und damit gegen Wittinghausen sehen, ob es noch auf seinem Waldrande schwebe, und vom Vater herübergrüße.

Bei diesen Worten traten ihm fast die Tränen in die Augen, er küßte und segnete sie – Felix, mit krampfhaftem Zucken seines Gesichtes, umarmte und drückte sie ans Herz – seitwärts stand der rätselhafte Begleiter ihrer Reise, der Ritter, der Clarissa düster anstarrte. Diese aber wand sich aus der Umarmung des Bruders, und das edle wahre Auge, so schwarz oder schwärzer als seines, freundlichlieb und fest auf ihn richtend, reichte sie ihm die Hand und sagte, sie danke ihm recht herzlich und recht vielmal, daß er seine Kraft und Zeit so lange her verwendet habe, um das sicher und gut ins Werk zu führen, was ihnen jetzt Schutz gewähren werde – sie wünsche sehnlich, ihm durch Taten ihren Dank zeigen zu können – – – »wenn es in ihrer Macht wäre«, setzte sie sehr leise hinzu. – – Johannens Augen ruhten mit höchster Spannung auf den Lippen des Ritters, allein diese öffneten sich ruhig, und sagten die schönen Worte: »Ich tat, was ich tat, weil Ihr und Johanna gut seid; es würde mich betrüben, sännet Ihr auf Vergeltung. Handelt so oder so, es wird immer das Rechte sein.«

Man schwieg einen Augenblick von allen Seiten, dann reichte Johanna dem Ritter gleichsam, als ob er sie dauerte, auch die Hand mit den Worten: »Lebt recht wohl, guter und freundlicher Mann, und kommt sehr bald wieder.«

»Ich dank Euch, schöne Muhme«, antwortete er lächelnd, »aber das Bald liegt in Gottes Hand, da ich wieder zu dem kaiserlichen Heere abgehe, und erst kommen kann, wenn wir den Feldzug fröhlich beendet.«

Noch ein Umarmen, ein Schütteln der Hände zwischen Vater und Geschwistern – die Männer verließen das Gemach – im nächsten Augenblicke waren sie am Strande, und die Mädchen sahen lange vom Söller nach, wie die drei Gestalten auf dem Floße stehend, langsam dem Wasser entlang schwebten, bis sie im entgegenliegenden Tannenwalde verschwanden, und gleich darauf die zwei Knechte mit dem leeren Floße zurückfuhren. – –

Seltsam und beklemmend mußte es ihnen freilich sein, wenn sie die ersten Tage aufwachten, und die Morgenröte ihre frühesten Lichtströme hereingoß, über lauter Wald und lauter Wald – erbrausend von der Musik des Morgens, darunter nicht ein Ton, wie wir sie von Kindheit an gewohnt sind unter Menschenwohnungen zu hören, sondern ein Getue und Gepränge, ein Rufen, ein Heischen, ein Erzählen und Jauchzen – und darein oft plötzlich von dem nächsten Tannenaste wie ein gesprochen Wort herabfallend, daß man erschrocken hinsah, aber nur ein fremdartiger Vogel schritt auf seinem Aste mit dem Kopfe blödsinnig nickend wie zum Einverständnisse mit dem Hinaufschauenden. – Aus den Tälern nahe und ferne stiegen indessen wie Rauchsäulen die Opfer der Morgennebel empor, und zerschnitten die schwarzen breitgelagerten Massen. – Etwas Seltsames geschah Johannen schon am ersten Tage nach ihrer Ankunft: – – sie erwachte nämlich schon bei dem frühesten Tagesgrauen, und – neugierig, den See auch bei Tage zu betrachten, schlich sie sich bei dem Lager der noch tief schlummernden Schwester leise vorbei, und ging auf die hölzerne Brüstung des Hauses hinaus – da zum Erschrecken nahe stand ein Hirsch am Fichtensaume in dem seichten Wasser, ein schöner großer Hirsch, ihr gerade gegenüber am Ufer, wo der Verhau war. Verwundert, betroffen und wohlgefällig sah sie auf das edle Tier, das seinerseits auch mit den unbeweglichen neugierigen Augen herüberglotzte auf das neue Wunderwerk der Wildnis, auf die weiße in der Morgenluft schwebende Gestalt und ihre bannenden Augen – das Haus mochte ihn weniger beirrt haben. – Mehrere Augenblicke dauerte die Szene, bis Johanna sich regte, worauf er den Kopf leicht erschrocken zurückwarf, sich langsam wendete, und zurück in die Gebüsche schritt, die Tautropfen von ihnen in den See schüttelnd.

Ihren Garten, so hießen sie nämlich den großen Rasenplatz um das Haus, hatten sie bald durchwandert und durchforscht. Es war eine glänzend grüne natürliche Waldwiese, wie ein halber Mond herausgeschnitten aus dem See und der Felsenwand, der Morgen- und Mittagssonne offenliegend, und nur im späten Nachmittage von der Seewand beschattet, wenn die Fichtengehäge jenseits des Sees in düsterm Spätlichte glänzten. Landwärts stieg diese Wiese sanft auf, bis die ungeheuren senkrechten Felsen aus ihr emporwuchsen, zwischen ihren Schluchten ein paar mächtige Ströme von Steingerölle hervorschiebend gegen den weichen grünen Teppich des Rasens. In der Nähe des

Hauses, gegen die Wand schreitend, stand eine Gruppe von Buchen und riesenhaften Ahornen, deren Grün sehr hold abstach gegen das Düster der Fichten und Schwarzföhren. In ihrem Schatten waren Tischchen und Bänke angebracht. Zu erwähnen ist noch eine eiskalte Quelle, in einer Felsenvertiefung stehend, von solcher Durchsichtigkeit, daß, wenn das Gestein naß war, man nicht wußte, wo die Luft aufhöre und das Wasser beginne. Ihr Abfluß ging als kleines Bächlein unter einem Steine hervor und durchschnitt quer die Wiese, dem See zueilend.

So war diese Stelle nicht umsonst von dem Vater »wundersam lieblich und anmutsreich« geheißen, eine warme windstille Oase, geschützt von Felsen und See, und bewacht von der ringsum liegenden heiligen Einöde der Wildnis.

Das Haus war, wie man sie noch heute in jenen Gegenden sieht, aus Holz, hatte ein Erdgeschoß und ein Stockwerk, eine ringsum laufende Brüstung und ein flaches Dach. Sonst war es viel geräumiger, als die, welche die heutigen Walddörfer bilden. Gleich neben dem Eingange lag Gregors Stube, der auch die Schlüssel führte, weiterhin die der Knechte, und die Kammern der Vorräte. Im ersten Stocke war ein Speisezimmer, und zwei Zimmer der Mädchen, nebst einem Vorzimmer für die Mägde. Alles war auf das Vorsorglichste eingerichtet, nicht die kleinste Kleinigkeit, von Männern oft selten beachtet, aber für Mädchen von großem Werte, fehlte hier, und täglich entdeckten sie neuerdings, daß der Vater oft dahin vorgesehen hatte, wohin sie selbst bisher noch nicht gedacht. Der Schmerz, die Furcht, das Ungewohnte ihrer Lage in den ersten Tagen stellte und fügte sich allgemach, und somit begannen sie schüchtern und vorsichtig nach und nach die Entdeckungsreisen in ihrem Gebiete und fingen an, für dasselbe Neigung und Herz zu gewinnen.

Ihr erstes Unternehmen über die Grenze ihres Besitztumes hinaus und zwar über den See, war, um den Blockenstein zu besteigen, und mit dem Rohre gen Wittinghausen zu sehen. Gregor und die drei Knechte, alle bewaffnet, mußten mitfahren, dann, als sie ausgestiegen, einer mit dem Floße zwanzig Schritte weit vom Ufer harren, die übrigen sie begleiten. Gregor lächelte gutmütig über diese kriegerischen Anstalten und ließ sie gewähren. Er führte sie um den Seebusen herum, und von rückwärts auf den Blockenstein, so daß sie, als sie nach einer Stunde seinen Gipfel erreichten, meinten, ihr Haus liege ihnen gerade zu Füßen, und ein losgelassenes Steinchen müsse auf sein Dach fallen. – Das Fernrohr wurde ausgepackt und an dem Stumpfe einer verkrüppelten Birke befestiget – – aller Augen aber waren schon vorher in die Weite gegangen – wie eine glänzende Wüste zog der heitere Himmel hinaus über alle Wälder weg, die wie riesenbreite dunkle blähende Wogen hinauslagen, nur am äußersten Gesichtskreise gesäumt von einem Hauche eines fahlen Streifens – es waren die bereits reifenden Kornfelder der Menschen – und endlich geschlossen von einem rechts in das Firmament ablaufenden Duftsaume – – – – siehe, der geliebte kleine Würfel, wie ein blauer Punkt schwebt er auf seinem Rande! Johannas Herz wogte in Freude und Schmerz. – – Clarissa kniete mittlerweile vor dem Rohre und rückte und rückte; das sah sie gleich, daß es ein ungleich besseres sei, als das des Vaters, jedoch finden konnte sie damit nichts. Bis zum Erschrecken klar und nahe stand alles vor sie gezaubert, aber es war alles wildfremd. – Abenteuerliche Rücken und Linien und Vorsprünge gingen wie Träume durch das Glas – dann farbige Blitze – dann blau und blau und blau – – sie rührte die Schraube, um es zu verlängern – dann führte sie es dem Saume eines dunklen Bandes entlang – plötzlich ein schwacher

Schrei – zitternd im Runde des wunderbaren Glases stand das ganze Vaterhaus, klein und zart, wie gemalt, aber zum Staunen erkennbar an Mauern, Erkern, Dächern – ja die Fenster meinte man durchaus sehen zu müssen. Johanna sah auch hinein – blank, unversehrt, mit glänzendem Dache stand es in der Ruhe des Himmels. O wie schön, wie freundlich!

Auch der alte Gregor sah durch das zaubernde, ihm unerklärbare Rohr, und in seinen Mienen war erkennbar, wie er höchlich darnach rang, das Ding begreifen zu können. Auch die Knechte ließ man hineinsehen, und freute sich an ihrem Erschrecken und Staunen. Man getraute sich fast nicht, etwas zu rücken, aus Furcht, das teure Bild zu verlieren, aber Clarissa zeigte ihnen bald, wie man es machen müsse, um es immer wieder zu finden. Sie konnten sich nicht ersättigen, immer das eine und das eine anzusehen. – So wie es ihren Augen, schien es auch ihrem Herzen näher, und sie waren fast zu Hause – so ruhig und so lieb stand es da, und so unverletzt – Freude, Wehmut, Sehnsucht stieg so hoch, daß man sich das Versprechen gab, sehr oft, ja jeden ganz heitern Tag heraufsteigen und durchsehen zu wollen. Endlich fing man doch an, auch anderes zu suchen und zu prüfen. Der fahle Streifen am Gesichtssaume war das erste, und deutlich zeigte sich, daß es angebautes Land mit Erntefeldern war – dann wurden die Waldberge, dann der See und endlich gar das Haus versucht. Alles war gar so schön und gar so reinlich.

Nach langem Aufenthalte auf dem Felsen beschloß man die Rückkehr, und das Rohr wurde von Gregor mit Achtsamkeit und sogar mit einer Art Scheu in sein ledernes Fach gepackt und mit der größten Obhut getragen. Auf dem Rückwege trug sich nichts Merkwürdiges zu. Sie fanden ihren Floß warten, stiegen ein, fuhren über, und der Tag endete, wie alle seine bisher erlebten Vorgänger mit einer glühenden Abendröte, die sie nie anders, als auf den gegenüberliegenden Wäldern flammen sahen, während der See eine ganz schwarze Tafel vor ihre Fenster legte, nur zeitweise von einem roten Blitze durchzuckt.

Dieser ersten Wanderung folgten bald mehrere und mehrere, die immer kühner und weitschichtiger wurden, je mehr sie die Ruhe und Sicherheit des Waldes kennenlernten. Von dem Vater war bereits zweimal beruhigende Botschaft gekommen; auch, wenn sie den Blockenstein bestiegen, und durch das Rohr sahen, das ihnen das liebste Kleinod geworden, – stand immer dasselbe schöne, reine, unverletzte Bild des väterlichen Hauses darinnen, so daß Johanna einmal den kindischen Wunsch äußerte, wenn man es doch auch von der anderen Seite sehen könnte. Zuweilen, wie Kinder, kehrten sie das Rohr um, und freuten sich, wenn ihr Haus, winzig, wie ein Stecknadelkopf, meilenweit draußen lag, und der See wie ein kleines Glastäfelchen daneben.

Ein paar Gewitter hatten sie erlebt, denen einige traurige graue Regentage folgten. Sie brachten dieselben im Zimmer zu, an all ihren Stoffen und Kleidern schneidend, und nähend und ändernd, und da schon Tage und Wochen vergangen waren, ohne daß sich das mindeste Böse einstellte, ja da draußen alles so schön und ruhig lag, als wäre nirgends in der Welt ein Krieg, und sogar nach des Vaters letzter Nachricht der Anschein war, als würde über Wittinghausen gar niemal etwas kommen: so erheiterten und stillten sich wieder ihre Gemüter, so daß die Erhabenheit ihrer Umgebung Raum gewann, sachte ein Blatt nach dem andern vorzulegen, das sie auch gemach zu verstehen begannen, wie es ihnen Gregor oft vorhergesagt. – Auch Scherz und Mutwille stellte sich ein: Johanna beredete einmal die Schwester, ihren schönsten Kleiderschmuck sich gegenseitig anzulegen – und wie sie es getan und nun sich vor den Spiegel stellten, so überkam ein leichtes Rot die edlen feinen Züge Clarissens wegen dieser mädchenhaften Schwäche, während die Augen Johannens vor Vergnügen funkelten.

Der alte Gregor hatte seine Freude an ihrem Mute; er begann sie von Tag zu Tag lieber zu gewinnen, und wie sich ihre Herzen, wie zwei Sterne des Waldhimmels, immer lieber und freundlicher gegen ihn neigten, so ging auch das seine in diesen sanften Strahlen immer mehr und mehr auf – bis es dastand, großartig schön, wie das eines Jünglings, ruhend in einer Dichtungs- und Fantasiefülle, üppig wuchernd, schimmernd, wie jene Tropenwildnisse, aber eben so unbewußt, so ungepflegt, so naturroh und so unheimlich, wie sie. Seinen ganzen Lebenslauf, seine ganze Seele hatte er dem Walde nachgedichtet, und paßte umgekehrt auch wieder so zu ihm, daß man sich ihn auf einem andern Schauplatze gar nicht denken konnte. Daher dichtete er auch seinen Schutzbefohlenen sich und ihre Einöde in solch wunderlicher zauberhafter Art und Gestalt vor, daß sie auch ihnen zu reden begann, und sie sich immer wie inmitten eines Märchens zu schweben schienen.

Aber vielmehr *sie* waren ein Märchen für die ringsum staunende Wildnis. Wenn sie zum Beispiele an dem See saßen, lange weiße Streifen als flatternde Spiegel ihrer Gewänder in ihn sendend, der gleichsam seine Wasser herandrängte, um ihr Nachbild aufzufassen – so glichen sie eher zwei zart gedichteten Wesen aus einer nordischen Runensage, als menschlichen Bewohnern dieses Ortes – – oder wenn sie an heißen Nachmittagen zwischen den Stämmen wandelten, angeschaut von den langstieligen Schattenblumen des Waldes, leise umsummt von seltsamen Fliegen und Bienen, umwallt von den stummen Harzdüften der Fichten, jetzt eine Beere pflückend, jetzt auf einen fernen Waldruf horchend, jetzt vor einem sonnigen Steine stehenbleibend, auf dem ein fremder Falter saß und seine Flügel breitete – so hätte man sie für Elfen der Einöde gehalten, um so mehr, wenn man die Geister- und Zaubergeschichten gewußt hätte, die ihnen Gregor von manchen Stellen des Waldes erzählte, wodurch vor ihrer Fantasie er, sie, und die Umgebung in ein Gewirre von Zauberfäden geriet – – oder wenn sie in der bereits milder werdenden Herbstsonne auf ihrer Wiese am Rande des Gerölles saßen, auf irgendeinem grauen Felsblocke ausruhend, Johanna das kinderlockige Haupt auf den Schoß ihrer Schwester gelegt, und diese mit klarem, liebreichem Mutterauge übergeneigt, in einem Gespräche des sichersten Vertrauens versunken – und wenn dem Siegel des Mundes das Herz nachfloß, und sie schweigend saßen, die schönen Hände ineinandergelegt, wie zwei Liebende, bewußtvoll ruhend in der grenzenlosen Neigung des andern, und wenn Johanna meinte, nichts auf Erden sei so schön, als ihre Schwester, und Clarissa, nichts sei so schuldlos, als Johanna: so ist es, als schweige die prangende Wüste um sie aus Ehrfurcht, und die tausend kleinen Glimmertäfelchen der Steinwand glänzen und blitzen nur so emsig, um einen Sternenbogen um die geliebten Häupter zu spannen.

Oder noch märchenhafter war es, wenn eine schöne Vollmondnacht über dem ungeheuren dunklen Schlummerkissen des Waldes stand, und leise, daß nichts erwache, die weißen Traumkörner ihres Lichtes darauf niederfallen ließ, und nun Clarissens Harfe plötzlich ertönte – man wußte nicht woher, denn das lichtgraue Haus lag auf diesen großen Massen nur wie ein silberner Punkt – und wenn die leichten einzelnen Töne wie ein süßer Pulsschlag durch die schlafende Mitternachtluft gingen, die weithin glänzend, elektrisch, unbeweglich auf den weiten schwarzen Forsten lag: so war es nicht anders, als ginge sachte ein neues Fühlen durch den ganzen Wald, und die Töne waren, als rühre er hie und da ein klingend Glied, – das Reh trat heraus, die schlummernden Vögel nickten auf ihren Zweigen und träumten von neuen Himmelsmelodien, die sie morgen nicht werden singen können, – und das Echo versuchte sogleich das goldne Rätsel nachzulallen. – – Und als die Harfe längst schwieg, das schöne Haupt schon auf seinem Kissen ruhte – – horchte noch die Nacht; der senkrecht stehende Vollmond hing lange Strahlen in die Fichtenzweige, und säumte das Wasser mit stummen Blitzen – indessen ging die Wucht und Wölbung der Erde, unempfunden und ungehört von ihren Bewohnern, stürmend dem Osten zu – der Mond wurde gegen Westen geschleudert, die alten Sterne mit, neue zogen in Osten auf – – – und so immer fort, bis endlich mitten unter ihnen am Waldrande ein blasser milchiger Lichtstreifen aufblühte – ein frisches Lüftchen an die Wipfel stieß – und der erste Morgenschrei aus der Kehle eines Vogels drang! – – –

4
Waldsee

Es waren schon viele Tage und Wochen vergangen – Erwarten und Fürchten, keines war um die Breite eines Haares vorgerückt! – In gleicher Schönheit, sooft sie es suchten, stand das Vaterhaus in dem Glase ihres Rohres, in gleichem tiefem Frieden lagen die an ihren Wald grenzenden bewohnten Länder, obgleich sie recht gut wußten, daß draußen, wohin ihr Blick nicht mehr reiche, der Qualm des Krieges liege, der jeden Augenblick an ihrem Gesichtskreise sichtbar werden könne.

Ihr Garten, der Wald, unbekümmert um das, was draußen vorging, förderte sein Werk für diesen Sommer, ja er hatte es fast abgetan; denn die milde Spätsonne goß schon ihr Licht trübselig auf die bunten, gelben und roten Herbststreifen, die sich durch das Duftblau der Wälder hinzogen. – – Da geschah es eines Tages, daß die zwei Mädchen und Gregor jenseits des Sees am Ufer saßen ihrem Hause gegenüber. Sie waren ziemlich weit von demselben entfernt, und sahen auf jene Stelle, wo der Blockenstein in den See stürzt, ihre Waldwiese von dem andern Lande trennend. Die Knechte waren schon seit drei Tagen um Lebensmittel aus und wurden abends zurückerwartet. Die Sonne des Nachsommers war so rein, so warm und einladend, daß das Herz sich traulich hingab – die zwei Mägde waren in das Gebirg gegangen, um Brombeeren zu suchen, und unsre kleine Gesellschaft, nachdem sie Gregor über den See geschifft und dann an schönen Stellen herumgeführt hatte, saß jetzt der lauen Luft genießend in angenehmer Müdigkeit auf einem großen Steine, um den die Glut roten Herbstgestrippes und dichter Preiselbeeren zu ihren Füßen prangte, und die langen Fäden des Nachsommers glänzten. Sie sahen auf ihr leeres Haus und auf die graue Steinwand hinüber, während ihnen Gregor erzählte, der ebenfalls von der feierlich stillen Pracht, mit der, wie gewöhnlich, der Nachsommer über die Wälder gekommen war, befangen, in immer romantischere und schwermütigere Weisen versank.

Johanna fragte ihn, wie es denn gekommen, daß er diesen See entdeckt habe, den so hoch oben gewiß niemand vermute, und von dem er ihnen auch sage, daß wenige Menschen von seinem Dasein wissen.

»Es wissen ihn auch wenige«, erwiderte der alte Mann, »und suchen ihn auch nicht, da sie nicht Grund dazu haben, und die von ihm Ahnung bekommen, hüten sich wohl, ihn aufzusuchen, da sie ihn für ein Zauberwasser halten, das Gott mit schwarzer Höllenfarbe gezeichnet und in die Einöde gelegt hat. Nun was die schwarze Farbe betrifft, so mag es wohl damit nur die Ursache haben, daß die dunklen Tannen und Berghäupter aus ihm widerscheinen – wäre er draußen im ebenen Lande, so wäre er so blau, wie ihre Teiche, auf die nichts, als der leere Himmel schaut – und was die Einöde anlangt, so weiß ich nicht, ob ihn Gott an ein schöner Plätzchen hätte legen können, als dieses. Ich kenne ihn schon über vierzig Jahre, und habe ihn in dieser Zeit nur zwei Menschen gezeigt; da wir beide noch jung waren, Eurem Vater und, da ich alt geworden bin, einem jungen Manne, den ich liebgewonnen, und mit dem ich manches Wild geschossen habe. In Hinsicht seiner Entdeckung aber, liebe Jungfrau, war es so: Seht, da ich ein Bube war, von zwölf, dreizehn Jahren oder darüber, da waren noch größere und schönere Wälder als jetzt. – Holzschläge waren gar nicht zu sehen, diese traurigen Baumkirchhöfe, weil nächst dem Waldlande wenig Hütten standen, und diese ihr Brennholz noch an den Feldern bald in diesem, bald in jenem Baume fanden, den sie umhieben – und man merkte nicht, daß einer fehle. Damals gingen auch die Hirsche oft in Herden gegen unsere Wiesen, und man brauchte sie nicht in den Wäldern aufzusuchen, wenn man einen schießen wollte. –«

Bei diesen Worten unterbrach er sich, und plötzlich zu Clarissa gewendet, sagte er: »Wollt Ihr, Jungfrau, eine der schönen gelbgestreiften Schwungfedern, so schieße ich Euch das Tier herab; ich glaube, ich werde es erreichen.« Er zeigte hiebei in die Luft, und die Mädchen sahen einen schönen Geier mit gespannten Flügeln hoch über dem See schweben. Er schien gleichfalls ohne alle andere Absicht zu sein, als sich in der ausnehmend klaren lauen sonnigen Herbstluft zu ergehen; denn auf seinen Schwingen ruhend, die Gabel des Schweifes wie einen Fächer ausgebreitet, ließ er sich gleiten auf dem Busen seines Elementes, langsame Kreise und Figuren beschreibend, während Schwung- und Ruderfedern oft zierlich gedreht im Sonnenscheine spielten, und die Fittiche nur nach langen Zwischenräumen zwei bis drei leichte Schläge taten. Die Mädchen bewunderten die zarte Majestät dieses Naturspieles; sie hatten nie dieses mächtige Tier in solcher Nähe gesehen, und baten daher einmütig, dem schönen Vogel nichts zuleide zu tun.

»Freilich ist er ein schönes Tier«, antwortete der Jäger, »und daß sie ihn draußen ein Raubtier heißen, daran ist er so unschuldig, wie das Lamm; er ißt Fleisch, wie wir alle auch, und er sucht sich seine Nahrung auf, wie das Lamm, das die unschuldigen Kräuter und Blumen ausrauft. Es muß wohl so Verordnung sein in der Welt, daß das eine durch das andere lebt. Nun seht ihn nur recht an, wie er sich langsam dreht und wendet, und wie er stolzieret – er wird nicht so bald dieses Wasser verlassen; ich sah es öfter, daß sie gerne über solchen Stellen schweben, als schauten sie sich in einem Spiegel. In der Tat aber wartet er bloß auf die verschiedenen Tiere und Vögel, die an das Wasser trinken kommen.«

Sie sahen nun eine Zeitlang den Vogel schweigend an, wie er in großem Bogen langsam dem See entlangschwebte, und immer kleiner ward – wie ihn rechts hohe Tannen ihrem Auge entrückten – und wie er dann wieder groß und breit dicht ob ihnen durch die dunkle Luft hervorschwamm. Endlich da sich seine Kreise und Linien näher an die gegenüberliegende Wand verloren, schwächte sich auch der Anteil an ihm, und Johanna fragte wieder, wie es sich mit der Entdeckung des Sees ergeben.

»Das war nun so«, entgegnete Gregor; »ich habe Euch schon gesagt, daß weit von hier ein Haus und ein Feld sei, wo ich und meine Enkel leben, und wo mein Vater und Großvater gelebt haben, und das sagte ich auch, daß einmal viel größere Wälder waren, als heute. Damals kam nie einer herauf; denn sie fürchteten die Einöde und entsetzten sich vor der Sprache der Wildnis – da waren nun solche, bei denen die Sage ging, es sei irgendwo ein schwarzes Zauberwasser in dem Walde, in welchem unnatürliche Fische schwimmen, und um das eine verwunschene graue Steinwand stehe, und es seien lange Gänge darinnen. Alles flimmert von Gold und Silber, schönen Geschirren und roten Karfunkeln, wie ein Kopf so groß. Vor vielen hundert und hundert Jahren hat ein heidnischer König aus Sachsen, der vor dem frommen Kaiser Karl floh, sich und seine Schätze in diese Felsen vergraben, und bei seinem Tode sie verzaubert, daß man weder Tor noch Eingang sehen kann – nur während der Passionszeit, solange in irgendeiner Kirche der Christenheit noch ein Wörtlein davon gelesen wird, stehen sie offen – da mag jeder hineingehen und nehmen, was er will; aber ist die Zeit um, dann schließen sie sich und behalten jeden innen, der sie versäumt.«

Johanna sah hinüber auf die Wand, und es war ihr, als rührten sich die Felsen.

»Nun, sagte man nicht, daß sich jemand einmal hineingewagt habe?« fragte Clarissa.

»Ei freilich«, erwiderte der Jäger, »da erzählte mir meine eigne Großmutter, daß es wirklich wahr sei, daß nicht weit von dem Berge, wo die drei Sessel stehen, ein solcher See liege, und daß auch einmal vor vielen hundert Jahren ein Mann, der auf dem Schestauer Hause zu Salnau wirtschaftete, aber viel Fluchens und arge Werke trieb, deswegen auch sein Gut nicht vor sich bringen konnte, am Karfreitage, als alle Christen vor dem Grabe des Herrn beteten, heraufgestiegen sei, und damit sie mehr Schätze tragen können, auch sein Söhnlein mitgenommen habe. – Wie sie nun eintraten, befiel das unschuldige Kind ein Grausen, daß es rief: ›Vater, Vater, sieh die glühenden Kohlen, geh heraus!‹ – – Aber diesen hatte der böse Feind geblendet, daß er unter den Karfunkeln wählend und wühlend seiner Zeit nicht wahrnahm, bis der Knabe wie mit einem Windesruck an dem See stand, und gerade sah, wie der Fels mit Schlagen und Krachen sich schloß, und den unseligen Vater lebendig darinnenbehielt. Den Knaben befiel Entsetzen, er lief, als ob alle Bäume hinter ihm her wären, bergab, und die heilige Jungfrau lenkte seine Schritte auch so, daß er sich glücklich nach Hause fand. Er wuchs heran, wurde gottesfürchtig, und fastete jeden Karfreitag, bis die Sterne am Himmel standen – war auch gesegnet in seinen Feldern und in seinem Stalle. Seitdem hat man nirgends gehört, daß einer in den Berg gedrungen.«

Man sah schweigend auf die graue Wand hinüber, und auch Clarissen war es jetzt, als rühre sie sich und die grünen Tannen stehen als Wächter und flüstern miteinander.

Der Geier war noch immer in der Luft sichtbar, sanft kreisend und schwimmend, oder oft sekundenlang so unbeweglich stehend, als wäre er eine in diesem Dome aufgehängte geflügelte Ampel.

Gregor fuhr fort: »Ich war damals ein Bube, und meine Großmutter wußte viele solche Geschichten. Da steht auch ein Berg drei Stunden von hier. – In der uralten Heidenzeit saßen auf ihm einmal drei Könige, und bestimmten die Grenzen der drei Lande: Böheim, Bayern und Österreich – es waren drei Sessel in den Felsen gehauen, und jeder saß in seinem eigenen Lande. Sie hatten vieles Gefolge, und man ergötzte sich mit der Jagd, da geschah es, daß drei Männer zu dem See gerieten, und im Mutwill versuchten, Fische zu fangen, und siehe, Forellen, rot um den Mund und gefleckt wie mit glühenden Funken, drängten sich an ihre Hände, daß sie deren eine Menge ans Land warfen. Wie es nun Zwielicht wurde, machten sie Feuer, taten die Fische in zwei Pfannen mit Wasser, und stellten sie über. Und wie die Männer so herumlagen, und wie der Mond aufgegangen war, und eine schöne Nacht entstand, so wurde das Wasser in den Pfannen heißer und heißer und brodelte und sott und die Fische wurden darinnen nicht tot, sondern lustiger und lustiger – und auf einmal entstand ein Sausen und ein Brausen in den Bäumen, daß sie meinten, der Wald falle zusammen, und der See rauschte, als wäre Wind auf ihm, und doch rührte sich kein Zweig und keine Welle, und am Himmel stand keine Wolke, und unter dem See ging es wie murmelnde Stimmen: es sind nicht alle zu Hause – zu Hause... Da kam den Männern eine Furcht an, und sie warfen alle die Fische ins Wasser. Im Augenblicke war Stille, und der Mond stand recht schön an dem Himmel. Sie aber blieben die ganze Nacht auf einem Stein sitzen, und sprachen nichts, denn sie fürchteten sich sehr, und als es Tag geworden, gingen sie eilig von dannen und berichteten alles den Königen, die sofort abgezogen und den Wald verwünschten, daß er eine Einöde bleibe auf ewige Zeiten.«

Er schwieg, und die Mädchen auch.

»Sehet, schöne Jungfrauen«, fuhr er nach einer Weile fort, »dies alles rieselte mir damals gar sonderbar durch die Gebeine und mit Grauen und mit Begierde sah ich immer seitdem auf den blauen Wald hinauf, wie er geheimnisvoll und unabsehlich längs dem schönen lichten Himmel dahinzog. Ich nahm mir vor, sobald ich ein Mann sein würde, den schönen zauberhaften See und die Heidenwand aufzusuchen. Mein Vater und die Leute lachten mich aus, und meinten, das sei eitel Fabel und Narrheit mit diesem Wasser; – aber sehet, da ich den Wald nach und nach kennenlernte, und einsah, wie wunderbar er sei, ohne daß die Menschen erst nötig hätten, ihre Fabeln hineinzuweben – und da mir viele klare Wässerlein auf meinen Wanderungen begegneten, alle von einem Punkt der Höhen herabfließend, und deutlich mit kindlichem Rieseln und Schwätzen von ihrem Vater erzählend, – so stieg ich herauf und sehet, an dem Platze, wo wir eben sitzen, kam ich heraus und fand mit eins das schöne liebliche Wasser.«

»Und hat es Euch nicht geängstet und gegraut?« fragte Johanna.

»Geängstet?« entgegnete der Alte, »geängstet? – *Gefreuet* habe ich mich der schönen Stelle; denn ich wußte dazumal schon sehr gut, daß der Wald keine frevlen Wunder wirke, wie es gehässige und gallige Menschen gern täten, hätten sie Allmacht, sondern lauter stille und unscheinbare, aber darum doch viel ungeheurere, als die Menschen begreifen, die ihm deshalb ihre ungeschlachten andichten. Er wirkt sie mit ein wenig Wasser und Erde und mit Luft und Sonnenschein. Sonst ist kein anderes da, noch je dagewesen, glaubet es mir nur. Auch auf dem Berge der drei Sessel war ich oben – nie saß ein König dort, so wenig als hier jemand gefischt hat. Wohl stehen die drei steinernen Stühle, aber nicht etwa einfältig eben und geglättet, wie die hölzernen in Eurem Hause, sondern riesengroß und gefurcht und geklüftet; die leichten Finger des Regens haben daran gearbeitet, und das weiche, aber unablässige Schreinerzeug der Luft und der Sonne haben sie gezimmert. – Ich saß darauf, und schaute wohl stundenlang in die Länder der Menschen hinaus – und wie ich öfter hier und dort war, erkannte ich gar wohl, daß dies alles nur Gottes Werk sei und nicht der Menschen, zu denen sich nur die Sage davon verlor. Sie können nichts bewundern, als was sie selber gemacht haben, und nichts betrachten, als in der Meinung, es sei für sie gebildet. Hat Gott der Herr dem Menschen größere Gaben gegeben, so fordert er auch mehr von ihm – aber darum liebt er doch auch nicht minder dessen andere Geschwister, die Tiere und Gewächse; er hat ihnen Wohnungen gegeben, die dem Menschen versagt sind, die Höhen der Gebirge, die Größe der Wälder, das ungeheure Meer und die weiten Wüsten – dort, ob auch nie ein Auge hinkomme, hängt er ob ihnen seine Sterne auf, gibt ihnen die Pracht ihrer Gewänder, deckt ihren Tisch, schmückt sie mit allerlei Gaben, und kommt und wandelt unter ihnen, gerade wie er es hier und unter den Menschen macht, die er auch liebt, obwohl sie ihm, wie es mir oft gedeucht hat, seine Tiere und Pflanzen mißbrauchen, weil sie im Hochmute sich die einzigen wähnen, und in ihrer Einfalt nie hinausgehen in die Reiche und Wohnungen derselben, um ihre Sprache und Wesenheit zu lernen – – – –.«

Während er noch so redete, fuhr jenseits von der Wand des Heidenkönigs ein leichter Blitz auf, und der Geier stürzte pfeilgerade in das Wasser – im Augenblicke rollte auch der Schuß die klippige Wand entlang und murmelte von Wald zu Wald.

Die Mädchen sprangen erschrocken auf, und Gregor

schaute starren Auges hinüber, als wollte er die harte Wand durchbohren.

In der Totenstille der Wälder war die Lufterschütterung fast grauenhaft gewesen – – und wieder war es nun totenstille und reglos, wie vorher; selbst die Leiche des Geiers lag ruhig auf ein und derselben Stelle des Wassers. Es vergingen angstvolle Minuten der Erwartung; denn wer konnte das sein?!

»Seht Ihr etwas?« flüsterte Johanna mit zitternder Stimme.

»Nein«, antwortete der Jäger, – »der Schuß kam dort von den Stämmen, die von der Seewand gebrochen sind und am Ufer liegen, aber ich sehe niemanden.«

»Laßt uns eilig überfahren«, meinte Clarissa, »das Haus steht ganz leer – auch nicht eine Seele ist darinnen.«

»Mitnichten, Kind«, sagte der Jäger; »*wenn* Gefahr ist, wären wir eine schlechte Besatzung des Hauses. Geht in Euer Floßhäuschen, ich werde das Fahrzeug ein Stück in den See hinausfahren, und dort bleiben wir stehen. Niedergelegt längs dem Baume der Schutzwehre will ich hinübersehen, und da wollen wir abwarten, wie er es beginnen wird, das Tier aus dem Wasser zu holen.«

Aber sie warteten vergeblich. Minute an Minute verging. Ruhig, mit verschobenem Gewande und geklebtem Federschmucke lag der Geier auf dem Wasser – der Rauch des Schusses hatte sich längst verzogen, und im lieblichen Nachmittagslichte glänzend schaute ihr verlassenes Wohnhaus herüber. Kein Laut regte sich, und wie die Augen auch angestrengt an dem Blockensteiner Vorsprung hafteten, – nichts war dort ersichtlich, als das Gewirre der bleichen herabgestürzten Bäume, wie ihre Äste lange weiße Scheine in den dunklen Wasserspiegel sandten.

Gregor begann nach und nach die Hand nach dem Ruder zu heben, um dem Vogel langsam näher zu fahren.

»Etwa sind die Knechte schon zurück«, meinte Clarissa.

»Das war kein Knall aus einer unsrigen Büchse«, sagte Gregor.

In dem Augenblicke wurden die zwei Mägde auf dem hölzernen Söller des Hauses sichtbar, die in dem Geklippe der Wand und an den Ufern der Gerölle Brombeeren gesucht hatten. Sie hielten wahrscheinlich den Schuß für Gregors, und winkten häufig auf eine Stelle, vielleicht weil sie meinten, man sehe vom Schiffe aus den Vogel nicht.

Mittlerweile blieb der See und Wald ruhig, wie sie es den ganzen Tag waren. Die Sonne, eine weißglühende Lichtkugel lag schon am Rande der Felsenwand; breite Schatten rückten über Haus und Rasenplatz auf den See heraus, dieser war glatt und schwarz, nur auf dem Schiffe lag das müde Nachmittagslicht, ebenso war der tote Vogel wie ein weißer Punkt beleuchtet und im grünroten Schimmer floß es um das Gehäge der Fichten. Indes war man, dem Tiere näherrückend, auch bereits dem sumpfigen Ufer, wo das Gewirre der Baumstämme lag, so nahe gekommen, daß man jeden kleinsten Zweig ausnehmen konnte, ja in der Stille der Luft und des Wassers sah man es sogar deutlich, wenn ein Frosch, der sich sonnte, von einem Stamme in das Wasser sprang, und die leichten Wellenringe fast bis auf den Floß auseinandertrieb. Aber nicht das geringste Anzeichen eines Menschen wurde sichtbar, so daß der Glaube immer mehr Wahrscheinlichkeit gewann, es sei nur irgendein Schütze durch Zufall so tief in den Wald geraten und an den See verschlagen worden, habe sein gutes Auge an dem Federtier versucht, und habe dann, da er das Fahrzeug und das Haus erblickte, aus Aberglauben die Flucht ergriffen, namentlich, da er mußte gesehen haben, wie sich das Schiff bewegte, ohne daß er Menschen darauf wahrgenommen. Endlich mit einigen langsamen Ruderschlägen war man dem Tiere so nahe gekommen, daß es Gregor mit der Hakenstange des Floßes herbeifischen konnte. Es war ein sonderbarer Anblick, wie die langen triefenden Schwingen hinabhingen, wie die nassen klebenden Federn den sehnigten Körperbau bloßlegten, und die Wunde zeigten, die mitten in die Brust ging. Gregor untersuchte sogleich dieselbe und zog mit einem Werkzeuge seiner Weidtasche eine sehr kleine Kugel daraus hervor. – Johanna fuhr vor Schreck zusammen, – und auch Clarissa sah gespannten Auges und klopfenden Herzens auf das Angesicht des Jägers – dieser aber nicht eine Miene verziehend, steckte die Kugel gelassen zu andern in seinen ledernen Beutel – ja er stand sogar seiner Länge nach auf dem Floße auf, und fuhr unbefangen dem Landungsplatze am Hause zu, wo man abends anlangte.

Als sie ausgestiegen waren, fragte Clarissa geradeweg, was er von der Sache halte?

»Freilich kenne ich den Schützen«, sagte er; »es sind allerlei Toren auf der Welt – und er mag ein großer unter ihnen sein – – von ihm ist Euch keine Gefahr – – ich irre mich nicht, ich kenne die Kugel – aber es ist grundlos töricht, warum er hier sein mag – – die Sonne scheint auf Eitelei und Torheit. – Ich habe viele Tage gesehen, und so ist der Mensch: er sucht den Schimmer und will das Irrlicht greifen – –.«

»O Gott! Ihr wißt mehr, als Ihr uns sagen wollet«, rief Johanna angstvoll.

»Ich habe Euch gesagt, Jungfrau, daß Ihr möget ohne Sorgen sein – ja ich kenne vielleicht den Mann, obwohl mir seine Anwesenheit unbegreiflich ist – er begeht lauter Dinge, die ohne Ziel und Zweck sind, und strebt nach Unerreichbarem. Er hat manchmal wollen den Sonnenschein auf seinen Hut stecken, und die Abendröte umarmen; – es regnet viele Tropfen, ehe man Einsicht gewinnt, und Jahre vergehen, ehe man weise wird. Dringt nicht, Kinder, Ihr habt keine Gefahr – und wenn ich etwas wüßte, und Euch verbergen wollte, so würden meine Zähne verschlossener sein, als die Steintore des Heidenschatzes, die kein eiserner Balken aufzuzwingen vermag. Schlafet ruhig; – jedes Haar meines Scheitels ist ein Wächter für Euch – ich liebe Euch, Ihr seid gut und unschuldig, und fast so schön als Martha.« – – –

Ein erkennbares Zucken spielte bei dieser Erinnerung um seinen alten harten Mund, aber sogleich fuhr er fort: »Ich liebe Euren Vater, und werde in Zukunft das Plätzchen hier noch mehr lieben, als früher, wenn ich wieder einmal heraufkomme, das Haus längst nicht mehr steht, der Krieg seine Endschaft erreicht, und Euer Schloß Euch wieder aufgenommen hat. Seid sorgenlos, meine lieben Töchter, und schlafet süß, wie vor vielen Jahren in Eurem Kinderbettlein.«

Die Mädchen sahen gerührt und ängstlich auf ihn, wie sie mit verschlungenen Armen vor ihm standen, und es mochte ihnen fast unheimlich dünken, daß er, an der äußersten Grenze menschlichen Hochalters stehend, dennoch von Planen und Zeiten rede, die weit in die Jahre hinauslagen. Johanna suchte vergeblich, ihre aufsteigenden Furchtgedanken zu dämpfen, die sie sich nicht zu sagen getraute.

»Sehet, da geht der blutrote Vollmond auf«, begann er wieder, »sehet nur hin auf das düstre holde Licht, wie es am Waldesrand erglimmt, und fast schon sichtbar die langen Schatten über den See streichen – ich hab es hundert und hundertmal gesehen; – aber immer gefällt es mir – ich habe so stets meine eigenen Gedanken gehabt über das Mondlicht – es ist ein wundervolles Licht.«

»Ein schmerzlich schönes Licht«, sagte Clarissa.

»Und nirgends seht Ihr es so schön, als im Walde«, fuhr Gregor fort; »manche Nacht habe ich es schlummern gesehen über den Forsten, wenn ich auf den Höhen gegangen bin – da glänzte alles und flimmerte und glitzerte so ruhevoll – daß ich so manche Gedanken hatte über diese Einrichtung, daß nachts an dem Himmel diese glänzenden Scheiben hingehen – aber zum Nutzen ist es sichtbarlich; denn seht, wenn er so oben steht, mitten über den Wäldern, und weit und breit sein Licht niederrieselt in die Zweige – wie sie da so froh sind im Nachtlichte, und Blätter und Nadeln auseinanderlegen, wie man eine Hand aufmacht, und in der Christnacht, wenn der Herr geboren wird, reden sie miteinander – – – geht schlafen, Kinder, geht schlafen – es droht Euch gar keine Gefahr; ich muß hier die Knechte erwarten, daß ich ihnen den Floß hinüberrudere, wenn sie das Zeichen geben. Und ihr«, sagte er zu den dastehenden Mägden, »nehmt das Federtier hinein, und trocknet es sorglich, vielleicht, daß die Schönheit des Gefieders wieder etwas herzustellen ist.«

»Gute Nacht, Vater«, sagte Clarissa.

»Gute Nacht, Tochter«, erwiderte der Greis.

Und somit stiegen die Schwestern die Treppe zu ihrem Gemache hinan, angstvollen und harrenden Herzens, und als sie ihr mäßig Abendmahl verzehrt, sich entkleidet und die Magd entlassen hatten, schlossen sie besorgt doppelt Schloß und Riegel an den Türen, setzten sich auf *ein* Bette zusammen, und redeten noch vieles und manches, sich tröstend und liebversichernd, auch daß sie morgen wieder nach Wittinghausen blikken, und daß sie nie mehr ohne das Fernrohr einen Spaziergang machen wollen. So koseten sie noch lange, bis die rote Scheibe des Mondes, hoch ob dem Erdenrande schwebend, längst zur goldenen geworden, und

Johanna am Busen der Schwester wie ein Kind entschlafen war.

Clarissa ließ sie sanft auf die Kissen gleiten, und suchte auch ihr Lager; – noch hörte sie in ihre beginnenden Träume hinein das Jauchzen der zurückkehrenden Knechte jenseits des Sees herüber, und das Plätschern des abfahrenden Gregors, der sie holte.

Dann sank tiefe, feste Ruhe über die schönen Augenlider.

5
Waldwiese

Des andern Tages stand schon die Sonne am Morgenhimmel, als Clarissa erwachte, und an das Bett Johannens trat, die noch tief schlummerte, und sich ein ganzes Morgenrot auf ihre unschuldigen Wangen geschlafen hatte. Da ging sie leise an das Fenster, das im Morgengold wallte, sah einige Augenblicke auf den Wald, der mit Reif bedeckt war, und Funken warf, und kniete endlich auf ihren Schemel nieder, um ihr Morgengebet zu verrichten. Als sie aufstand, sah sie auch Johannen an ihrem Schemel knien; daher wartete sie ruhig, bis auch diese aufgestanden war, und dann, noch den Abglanz des gläubigen Gebetes in den Augen, grüßten sie sich heiter und freudig, und scherzten fast über ihre gestrige Angst. Man ließ die klopfende Magd herein, und diese berichtete, daß die Knechte erzählt hätten, wie draußen bereits Kriegsvölker ziehen, und daß es über die Wasserscheide oft wie Ameisenzüge gehe, alles gegen die oberen Donauländer. An den Waldrändern ist es so einsam und stille wie immer. Von Wittinghausen wußten sie nichts. Man beschloß, Gregor zu bitten, daß er sie, sobald die Gräser und Gebüsche etwas trocken geworden wären, auf den Blockenfels geleiten möge.

Als sie angekleidet waren und die hohe Sonne schon Reif und Tau von ihrer Wiese gezogen hatte, wollten sie auf selber ein wenig lustwandeln gehen. Wie sie über die Treppe hinabkamen, fanden sie Gregor, wie er eben lockere Bretter und Balken festnagelte, auch befremdete es sie, daß das äußere Tor an den Pflöcken, das immer ganz und gar offen gestanden, nicht nur eingeklinkt, sondern auch verriegelt war. Gregor ließ sogleich von seinem Geschäfte ab, und zeigte ihnen den getrockneten Geier, dessen Federn er in schöne Ordnung gebracht habe, und von denen er sie bat, sich die schönsten als ein Angedenken ihres Waldlebens auszusuchen; indes wolle er hineingehen und sich richten, um sie begleiten zu können. Er ging. Aber anstatt sich Federn auszulesen, standen die Mädchen und sahen sich befremdet an; denn heute war alles neu. Sonst hatte er sie ganz allein auf ihrer Wiese weit und breit bis an das Gerölle gehen lassen, ohne sich weiter zu bekümmern. Susanna, die Magd, die eben dastand, erzählte auch, daß, als sie erfahren, daß nicht Gregor den Geier geschossen, sondern ein anderer Schuß es war, man wisse nicht woher, sie vor Angst fast die ganze Nacht nicht geschlafen, und da sei sie spät nach Mitternacht, als bereits die zurückgekommenen Knechte längst schliefen, durch ein seltsames Geräusch erschreckt worden, als ob ein Schloß raßle – und da sie nun behutsam zum Fenster hinausgesehen, habe sie wirklich gehört, wie das Schloß am äußeren Tore gesperrt werde, und sodann eine Gestalt, die sie für Gregors hielt, dem Ahornwäldchen zuschritt. Fast eine Stunde verging, ehe die Gestalt wiederkam, aufsperrte und hereintrat, hinter sich sorgsam verriegelnd – es war nun, wie er zum Hause kam, deutlich erkennbar, daß es Gregor sei. Diese Tatsache war nicht geeignet, die Unruhe der Mädchen zu vermindern – allein wie Gregor die Tür heraustrat, und sie den schönen Greis ansahen mit der aufrichtigen Stirne, und darunter dem glänzenden dichterischen Augenpaare, so folgten sie ihm willig durch das Tor, das er hinter sich wieder schloß. Keine – wie durch Verabredung – tat der neuen auffallenden Vorkehrungen Erwähnung. Er schwieg auch darüber.

Nachmittags, d. h. nach damaliger Sitte schon, um zwölf Uhr, stieg man auf den Blockenstein. Zwei bewaffnete Knechte begleiteten sie, der dritte hütete den Floß. Das Rohr wurde befestiget, und rein und klar, wie immer, stand das kleine Nachbild des Vaterhauses darinnen. Wie ein Vorgefühl, als sähen sie es zum letzten Male so, überkam es die Herzen der Mädchen, und es war ihnen, als könnten sie sich gar nicht davon trennen, und als müßten sie den geliebten schönen Vater oder den unschuldigen Knaben Felix auf irgendeinem Vorsprunge stehen sehen.

Wahrscheinlich waren es die neuen Anstalten Gregors, die ihnen dieses Unruhegefühl einflößten.

Endlich, da immer dasselbe längstbekannte und unbelebte Bild im Glase stand, und nach tausend Grüßen, die laut und heimlich hinübergesendet wurden, nahm man das Rohr ab, und trat den Rückweg an. Zu Hause wählten sie sich noch einige Federn des Geiers, und begaben sich wieder in ihre Zimmer.

Kein einziger Vorfall geschah diesen und die folgenden Tage, außer daß man wieder einmal wollte bemerkt haben, daß Gregor in der Nacht das Haus verlassen habe: aber eine gewisse Schwüle und Angst lag über dem Tale und den Herzen, als müsse jetzt und jetzt etwas geschehen. Seltsam – als ob die unsichtbaren Boten schon vorausgingen, wenn ein schweres Ereignis unserm Herzen naht. – –

Es war die fünfte Nacht nach dem Schusse des Geiers – der abnehmende Mond stand am blauen Nachthimmel, und malte die Fenstergitter auf die Sessel und Bettvorhänge der Mädchen – da saß Johanna am Rande des Bettes ihrer Schwester und mit dem Finger sanft ihre entblößte Schulter betupfend, suchte sie dieselbe zu wecken, indem sie angstvoll leise die Worte hauchte: »Hörst du nichts?«

»Ich höre es schon lange«, antwortete Clarissa, »aber ich wollte dich nicht wecken, daß du keine Angst habest.«

Nun aber richtete sie sich auch in ihrem Bette auf, und von dem einen Arme Johannas gehalten, auf die

Bettkante gestützt, saßen sie da, keinen andern Hauptschmuck als das schöne Haar, den Körper im Horchen sanft vorgebogen, unbeweglich, wie zwei tadellose Marmorbilder, um die das milde Licht der Herbstnacht fließet.

Es war, als hörten sie undeutlich in der Ferne eine Stimme, schwebend zwischen Rufen und Gesang – es war aber weder die eines Knechtes, noch Gregors.

Sie horchten lautlos hin, aber hörten gerade jetzt nichts. Auf einmal ganz deutlich, wie herausfordernd, – schwärmerisch wild kam ein Gesang einer Männerstimme herüber, folgende Worte tragend:

Es war einmal ein König,
Er trug 'ne goldne Kron'.
Der mordete im Walde
Sein Lieb – und ging davon.

Da kam ein grüner Jäger:
»Gelt, König, suchst ein Grab?
Sieh da die grauen Felsen,
Ei, springe flugs hinab.«

Und wieder war ein König,
Der ritt am Stein vorbei:
Da lagen weiße Gebeine,
Die goldne Kron' dabei.

Die Stimme schwieg, und die Stille des Todes war wieder in Luft und Wald, und in den Herzen der Mädchen – und als es draußen schon längst geschwiegen, getrauten sie sich noch nicht, sich zu regen, als sei die Szene nicht aus, und als *müsse* noch etwas kommen.

Aber sie war aus. Kein Laut, kein Atemzug regte sich in der stummen funkelnden Mondluft. – Da, nach langem Warten, drückte sich Johanna sanft und langsam rückwärts aus der Umarmung, und sah der Schwester in das Angesicht.

Es lag so bleich vor ihren Augen, wie der Mond auf der Fensterscheibe.

Nicht eine Silbe sagten sie beide.

Johanna, wie im Instinkt des Guten und hier Zuständigen, wendete ihre Augen wieder ab, und barg ihr eigenes Antlitz in das Nachtgewand der Schwester – und so viele, viele Augenblicke lang aneinandergedrückt, wie zwei Tauben hielten sie sich, daß Johanna Clarissens Herz pochen fühlte, und diese das Zittern des Armes der andern auf ihrem Nacken empfand. – – Endlich furchtsam leise fragte die Jüngere: »Clarissa, fürchtest du dich?«

»Fürchten?« – sagte diese, indem sie sich sanft aus der Umarmung löste – »fürchten? nein, Johanna – das Rätsel ist klar, dessen dunkler Schatten uns dieser Tage ängstete – – ich fürchte nichts mehr.«

Und dennoch bebte ihre Stimme, als sie diese Worte sagte, und Johanna konnte selbst bei dem schwachen Mondlichte bemerken, wie allgemach ein feines Rot in die vorher so blassen Wangen floß, und darinnen sanft bis zur schönsten Morgenröte anschwoll. Ein ungeheuer Empfinden mußte in ihrer Seele emporwachsen, wechselnd in Wohl und Weh; denn ein fremder Geist lag auf diesen sonst so ruhigen Zügen, und goß eine Seele darüber aus, als glühete und wallete sie in Leidenschaft.

»Johanna«, sprach sie, »es ist wunderbar, sehr wunderbar, wie die Wege der Vorsehung sind. Wer hätte gedacht, daß das, was ich neulich an der Felsenwand zu dir sprach, so nahe sei – in der schönen Einöde hat mich Gott der Herr gefunden – mag es sich erfüllen, wie es muß und wird – fürchte dich nicht, liebes Kind – auch mitten im Walde ist der Herr ob uns. Du kennst das Lied, du ahnest auch, wer es sang – er hat es gut gewählt – er wird mich sehen, ja, aber nicht in unserem heiligen Hause – Gregor und du werdet mich begleiten – sieh mich nicht so erschrocken an – wenn selbst die kleine Kugel von ihm kam, und wie er auch mit diesem Wald zusammenhängt: Gefahr *solcher* Art droht uns nicht – – ja, ja, den Sonnenschein hat er wollen auf den Hut stecken und die Abendröte umarmen – – ja, es ist seine Art so zu erscheinen, wie er hier tat, das Lied hat mich herausgefordert – gut, aber jetzt ist es kein Kind mehr, hilflos gegeben in die Allgewalt der eignen Empfindung: eine Jungfrau, stark und selbstbewußt – sie wird kommen, statt der Lilie das Schwert des Herrn in ihrer Rechten – ja sie wird kommen!!«

Ihr Antlitz strahlte – eine solche Schönheit überging ihre Züge, daß selbst Johanna scheu zu ihr hinüberblickte – mit Inbrunst schwärmte ihr dunkles Auge hinaus, angeglänzt von dem Lichte der Nacht – – auf die Stirne flog es wie ungeheurer Stolz und Triumph – – so saß sie, und badete das gehobne Antlitz in den Strahlen des Mondes – – – bis sie endlich in einen Strom siedend heißer Tränen ausbrach, und sich wie ein Kind an das Herz der Schwester legte.

Wer sie in dieser Nacht gesehen hätte, der hätte begriffen, wie denn diese sanfte ewig ruhige Gestalt zu den tief schwarzen lodernden Augen gekommen.

Johanna schlang ihre beiden Arme um sie, und obgleich sie die Gewalt dieser Tränen nicht begriff, so wurde sie doch selbst bis zu dem heftigsten Schluchzen gerührt – und die Last der Herzen löste sich durch diese milden Perlen.

Der Morgen fand sie, Johannen an dem Busen der Schwester mit den müde geweinten Augen tief und fest entschlummert. Clarissa wachte schon längst, aber da der Schwester Haupt ihr zum Teil auf Busen und Schulter lag, so regte sie sich nicht, um ihr nicht den Morgenschlaf zu stören, der mit so sichtbar süßer Hülle auf dem geängsteten Herzen lag. Endlich da sich die braunen Augen langsam auftaten, und befremdet auf

Clarissen sahen, wie sie denn in ihr Bett geraten, so strich diese sanft mit der Hand über die Scheitel der goldblonden Locken, und sagte: »Guten Morgen, liebes, liebes Kind.«

Aber mit einer Art Beschämung über die Lage, in der sie sich fand, sprang Johanna auf, und begann sich anzukleiden, indem ihr nach und nach das Bewußtsein der vergangenen Nacht kam, und der Wichtigkeit des heutigen Tages.

Auch Clarissa kleidete sich schweigend an, und ließ dann durch die Magd den alten Gregor rufen. Er kam.

»Ihr habt heute Nacht singen gehört«, redete sie ihn an.

»Ja.«

»Ihr kennt den Mann sehr gut, welcher gesungen?«

»Ich kenne ihn sehr gut.«

»Er wünscht dringend mit uns zu reden.«

Der Jäger sah sie mit betroffenen Augen an. »Ich weiß es«, sagte er; »aber daß auch *Ihr* es wisset?!«

»Wir wissen es, und *wollen* ihn auch sprechen, und zwar, wenn es möglich ist, noch heute; aber nicht hier – in unser Haus soll kein fremder Mann kommen – sondern an der Steinwand bei den letzten Ahornen soll er uns erwarten. Johanna und ich werden kommen, und Ihr seid gewiß so freundlich uns zu begleiten. Wenn der Schatten der Tannen von dem See gewichen ist, möget Ihr uns abholen, wenn es bis dahin geschehen kann.«

»Es kann geschehen – aber bedenket, daß *Ihr selbst* es seid, die es so wollen.«

»Bereitet es nur, Gregor – ich kenne auch den Mann, und wir wollen ihn fragen, warum er unsere Ruhe und Zuflucht stört.«

Gregor ging.

Der Vormittag war vorüber, der Schatten der Tannen war von dem See gewichen, und man sah Gregor mit der Büchse auf der Schulter die zwei Mädchen dem Ahornwäldchen zuführen. Johanna war, wie gewöhnlich, in ihrem weißen Kleide, aber Clarissa hatte all ihren Schmuck und ihre schönsten Kleider angetan, so daß sie wie eine hohe Frau war, die zu einem Königsfeste geführt wird. Es liegt etwas Fremdes und Abwehrendes in Schmuck und Feierkleid der Frauen; sie sind gleichsam der Hofstaat ihrer Seele, und selbst der alte Waldsohn, der nie andere Juwelen sah, als die des Morgens in den Tannen, fühlte sich von Clarissens Schönheit gedrückt und fast untertänig; denn auch in ihrem Angesichte lag ein fremder Schimmer und ein strahlender Ernst.

Johannas Herz klopfte ungebändigt und – obwohl sie sich's zu sagen schämte – die kleine Kugel, und der Jägerbursche, der von dem furchtbaren Wildschützen erzählt hatte, wollten ihr nicht aus dem Sinne kommen, und es war ihr dunkel drohend, als ob etwas Entsetzliches kommen würde.

So war man bis gegen die letzten Ahornen gelangt. Ein Mann, in einfache, ungebleichte Linnen gekleidet, einen breiten Hut auf dem Haupte, eine Flinte in dem Arme saß auf einem der grauen Steine. Wie man ganz in die Nähe gekommen, stand er auf, zog ehrerbietig den Hut, und wies sein Antlitz. – Johanna hätte fast einen Schrei getan – so schön war er – auch Clarissa wankte einen Augenblick. Wie er den Hut abgenommen und das Angesicht mit einem schnellen Ruck ihnen zugewendet, warf sich eine Flut von Haaren, wie ein goldener Strom auf seine Schultern, darlegend das lichte Antlitz, fast knabenhaft schön und fein, daraus die zwei großen dunkelblauen Augen hervorsahen, wie zwei Seelen, die auf Clarissen hafteten. – – Auch sie vergaß ihr dunkles Auge auf seinen Zügen, den wohlbekannten, vielgeliebten, vielgekränkten, – bis sie plötzlich hocherrötend einen unbeholfenen Schritt seitwärts tat, gleichsam gegen die Bank hin, die in der Nähe stand, als wollte sie sich darauf setzen. Johanna, bloß diese Absicht vermutend, war ihr behülflich, und setzte sich neben sie. Er, noch immer kein Wort redend, ließ unbewußt seine Blicke ihren Bewegungen folgen, als sei er betreten, daß eine ganz andere Gestalt gekommen, als er erwartet. Endlich legte er seine Flinte seitwärts, und setzte sich den Mädchen gegenüber auf denselben grauen Stein, auf dem sie ihn gefunden.

Die hohen Bäume, die graue Felswand, und die weißen Nachmittagswolken sahen stumm auf die seltsame, ebenfalls stumme Versammlung.

Gregor ging abseits von den Ahornen, anscheinend so hie und da das fortschreitende Vergelben der Blätter betrachtend.

Endlich taten sich Clarissas Lippen auf, und sie sagte: »Ihr habt uns aufgefordert – – Ihr wolltet, mein ich, mit uns reden – wir sind gekommen – so redet.«

»Ja«, antwortete er, »ich bat Euch um eine Unterredung, aber nur *Euch*; denn ich kenne die andere Jungfrau nicht.«

»Es ist meine Schwester Johanna.«

Mit Verwunderung blickte er nun auf Johannen, und sagte trübselig lächelnd: »Sie ist aus einem Kinde nun eine schöne Jungfrau geworden; – o Clarissa, wir haben uns sehr lange nicht gesehen – damals war sie ein Kind, das selten sichtbar wurde, daß ich ihrer schon ganz vergaß. – Kennet Ihr mich, Johanna?«

Sie schüttelte mit dem Kopfe.

»Nun, Clarissa«, fuhr er fort, »verzeihet, daß ich gekommen, und auch die Art, wie ich es tat. – Seht, ich wollte nicht plötzlich, wenn Ihr lustwandeln ginget, vor Euch treten – ich hätte es einige Male gekonnt – sondern erst Euern Begleiter, den ich seit langem kenne, sprechen, aber er war stets an Eurer Seite und verließ sonst nie das Haus, daher sandte ich ihm durch den

Geier meine Kugel, die er wohl kennt, auch suchte er mich sogleich, und fand mich, aber keine Macht der Überredung konnte ihn dahin bringen, daß er Euch von mir eine Botschaft brächte – – ja er verrammelte und bewachte das Haus nun vorsichtiger, als je, so daß ich ihn, der mich einst so liebte, gar nicht begriff. – Ich selbst mußte mir nun, sei es auch auf die Gefahr hin, daß mich einer Eurer Knechte erschieße, Gelegenheit verschaffen, Euch meine Anwesenheit kundzutun, ob Ihr etwa freiwillig gewährtet, was ich nicht rauben wollte, und von ihm nicht erbitten konnte. Ich sang das Lied, das Ihr kennen müsset.«

»Ich kannte es«, sagte Clarissa, »und sei es nun auch Unrecht, daß ich kam, ich wollte Euch nicht fortweisen, da Ihr so viel Anstalt machtet, mich zu sprechen – – und nun redet, warum seid Ihr hier, die Zuflucht und Ruhe zweier Mädchen zu unterbrechen, die so kindisch sind, daß sie oft das unversehene Rauschen eines Blattes schreckt, sagt, warum seid Ihr hier?«

»Clarissa, – *Ihr* fragt das«, sagte er, indem ein leichter Hauch von Rot über sein Gesicht flog, »wisset Ihr selber denn das nicht?«

»Nein, ich weiß es nicht«, antwortete sie mit unsicherer Stimme.

»Ihr wißt das nicht?« wiederholte er zweimal, »Ihr wißt das nicht? –« und er warf sein Haupt, wie im Schmerz empor, so, daß auf einen Augenblick der Glanz der Herbstsonne auf die schwärmerischen Züge fiel – und sie verklärte – – *»Ihr wißt das nicht?!* Sehet, ich bin in Frankreich gewesen – ich war weiter, in dem neuen Lande war ich jenseits des großen glänzenden Meeres – ich kam wieder, ich suchte Euer Schloß, es ist bedroht, Ihr seid geflüchtet, niemand weiß, wohin – ich kundschaftete auf allen Straßen; eine führt gegen den Wald, sie sah Euch ziehen, – ich suchte Gregors Hütte, er ist nicht da. – Durch alle Wälder und Schluchten, lebend von dem, was mir meine Büchse erwarb, ging ich tagelang, wochenlang, bis – es war eine lichte schöne Stunde – bis der Gedanke dieses Sees wie ein Blitz in meine Seele fuhr, wie ihn mir einst Gregor zeigte, und die Worte sagte: »Auf diesem Anger, an diesem Wasser ist der Herzschlag des Waldes; mir ist, als müßte ich ihn hören, so lieblich und treu, und fester als die Burg eines Königs« – ich kam hieher – am Rande jener Felsenmauer herüberkletternd, erblickte ich das hölzerne Haus, auf einem Felsensteige – Gregor weiß ihn – Euch wäre er tödlich – stieg ich nieder. – Dort, wo die Sandriesen beginnen, im Schatten des Felsens ruhte ich ermüdet aus, wischte mir das Blut von den Händen – und wie ich nach diesem Geschäfte aufblickte – kaum hundert Ellen von mir am Rande des Gerölles saßet Ihr mit Johannen, beide in weißen Gewändern, und vertraulich redend – – ich erschrak, daß sich der See und die Bäume drehten – das schreiende Herz drücke ich nieder, ja in meiner Torheit halte ich den Atem an, daß er Euch nicht erreiche, obwohl ich nicht einmal Eure Worte hören konnte – aber hold und süß müssen sie gewesen sein; denn Ihr saßet und sprachet lange, legtet endlich Eure Hände ineinander und sahet schweigend in die Luft hinaus, mir wollte es bedünken im Übermaß der Rührung und der Liebe und des Vertrauens – als es Abend wurde, ginget Ihr – diese Bäume hier verschlangen den letzten Schimmer Eures Gewandes – ich blieb sitzen und stillte meinen Hunger mit einer Handvoll Brombeeren. Wieder sah ich Euch – gehen durch den Wald, wandeln an dem See, ruhen auf diesem oder jenem Steine – ich war Euch oft so nahe, daß ich Euch greifen konnte; Eure Harfe hörte ich des Nachts. – – Seht Ihr, dort oben, wo der dürre Sandstrom um die zwei Felsenhäupter quillt, steht ein Baum, es ist nur mehr der Strunk einer Föhre, die der Blitz einst zerschlug, bei Tage ist er ein mißfärbiges

Grau, aber in der Nacht beginnt er zu leuchten, blau und grün und weiß – stundenlang saß ich an dem Felsen und sah auf das stille nächtliche Glimmen desselben – – Clarissa! und Ihr fragt, *weshalb ich gekommen*??«

»O übt ihn nicht«, sagte sie mit innig flehender Stimme, »o übt ihn nicht, den alten Zauber, dessen Gewalt Ihr kennt, und einst erprobtet gegen ein törichtes Mädchen – o übt ihn nicht, es ist nicht redlich.«

Es war seltsam anzuschauen, wie die entschloßne Jungfrau zu schwanken begann, und fast eingeschüchtert war einem Manne gegenüber, dessen Mienen doch so offen lagen, wie die eines Kindes; aber wenn man ihn ansah, wie er auf ihre Rede schwieg, und hinaussah in die Räume, so war es, als sähe man den Geist aufleben, dem sie sich beugte: eine wilde Hohheit, eine schwärmerische Dichtung lag in diesen Zügen, im Auge etwas, was fleht und herrschet – ein Schmelz von Zärtlichkeit, unsäglich bindend das geliebte Herz, es selbst unsäglich liebend, und doch hinaus verlangend ins Unbekannte, ein aufquellend Herz, nach Taten schmachtend. Und gerade das letzte, jeden Augenblick Liebeverlust drohend, war es, was sie so zauberisch band.

»Ja, ja«, begann er wieder sanft, »Clarissa, süßer Engel, es ist redlich; ich bin nicht töricht und ohne Zweck gekommen; denn wisset, seit jenem Tage, wo ich fortging, teils gedrängt, teils selbst hinausschwärmend, war es doch nur *ein* Gedanke, dem ich nachhing, dem ich glühend nachstrebte – damals lebte *er* noch, der befehlen konnte: laß fahren das Scheinding; – – ich schlug es los, in alle Winde wollte ich es streuen; ich ging monatelang durch diese Wälder, dem wilden Hange folgend – da fand ich Gregor. – Wie ein Sohn liebte ich den Alten, obwohl er ein Kind war gegen mich in Schwärmerei und Wagnis – das Scheinding aber trug ich im verschwiegenen Herzen – dann sah ich jene schimmernde Stadt, ich sah grenzenlose Wildnisse des neuen Landes – ich kam wieder, als er tot war, aber ich brachte das Scheinding, wie er es nannte, wieder mit – – Clarissa, nun aber ist alles gut – ein Jahr hab ich gearbeitet, ein mühselig Jahr, berghohe Hemmnisse hinweggewälzt – alles ist eben – ich bin frei. – – Wie keine Mutter ihr Kind, hab ich dich gesucht, die Geliebte, die Verlassene, die Unvergeßliche, um dir alles, alles mitzuteilen – – o Clarissa, ich bitte dich, denke zurück, blicke in dein Herz, und um der Güte Gottes willen frage nicht mehr, warum ich gekommen!!«

Ehe sie es ahnen und hindern konnte, stand er auf, und auf die harten Steine zu ihren Füßen sinkend, nahm er ihre Hand, schloß sie in seine, die großen blauen Augen angstvoll auf ihr sterbebleiches Antlitz heftend.

»O steht auf«, sagte sie, in der Ohnmacht ihrer Seele mit den Augen herumirrend – »so steht doch auf – – ich kam gewaffnet hieher, die Gewalt Eures Herzens soll mir diese Waffen nicht ablösen – nein, sie soll es gewiß nicht. – Denket nicht mehr, ich sei noch das Kind, das Ihr einst kanntet – – wie Ihr damals in unser Schloß kamet, wie der Vater Euch liebgewann; – – Ihr waret so schön, mein Auge konnte fast nicht ablassen von dem Euren, ein ganzes Meer von Seele und Gemüt gosset Ihr in mein dunkel bewußtes Herz, meine hülflose Kinderseele zwanget Ihr an Eure Lippen zu fliegen – ich fragte nicht, woher Ihr kamet, wer Ihr seid – ich hing an Euch – im Wahnsinne von Seligkeit hing ich an Euch, sündhaft vergessend meinen Vater, meine Mutter, meinen Gott – – *da ginget Ihr fort* – – – nun, es ist alles überstanden – ich erkannte die Sünde; – Gott gab mir die Gnade, sie zu bereuen und zu vergessen. Die Seele wandte sich wieder ihrer reinen Liebe zu. Seht, dies unschuldige Mädchen hier, meine Schwester, dann mein Vater und der Bruder Felix zu Hause – *diese* sind meine Geliebten – und der

Herr im Himmel, der ist mein Gott – – es ist überstanden.«

Tränen brachen aus ihren Augen und schimmerten neben den Diamanten des Stirnbandes.

»Nein, Clarissa, es ist nicht überstanden«, sagte er, zu ihr emporblickend, indem ein Entzücken durch den Himmel seines Auges ging, »nein, es ist *nicht* überstanden; – goß ich auch ein Meer von Gemüt und Seele in dein Kinderherz, so goß ich es auch in meines. – Es ist wahr, anfangs reizte mich bloß die ungewohnte Fülle und Macht, aufsprossend in dem Kinderherzen, daß ich prüfend und probend an sie trat, daß ich die Kinderlippen an mich riß – aber eine Seele, tief, wild, groß und dichterisch wie meine, wuchs aus dem Kinde an mich, daß ich erschrak, aber nun auch *mich* im Sturme an sie warf, namenlos, untrennbar Glut um Glut tauschend, Seligkeit um Seligkeit. – – Weib! Du warst damals ein Kind, aber die Kinderlippen entzückten mich mehr, als später jede Freude der Welt, sie glühten sich in mein Wesen unauslöschlich – ein Königreich warf ich weg um diese Kinderlippen; nicht Jahre, nicht Entfernung konnten sie vertilgen – und nun bin ich hier, abgeschlossen mit der Welt, um nichts auf der ganzen Erde mehr bittend, als wieder um diese Kinderlippen.«

Er blieb knien, das geliebte Antlitz schaute zu ihr empor, vergessend seiner selbst und der Umgebung, – sie aber fühlte sich verlieren; um ihre Stirne irrte es wie dunkle Wonne, wie Morgenröte des Gefühls. – Einen Augenblick noch sah sie hülflos umher, ringend mit dem eignen Herzen, das in so ganz anderer Absicht hergekommen war – dann überzog neuerdings ein feuchter Schleier ihr Auge, aber es war darinnen süße düstre Zärtlichkeit, wie es auf ihn niedersank, und sie fast unhörbar und zitternd die Worte sagte: »Und doch, Ronald, bist du fortgegangen!!«

»Ja«, rief er, indem eine schnelle, schwärmerische, fabelhafte Freude über seine Züge flog, »ja, ich ging fort, weil es einer *befahl*, der mächtiger war, als ich und du, und als dein Vater und dein König – aber nicht weil er es *befahl*, ging ich, sondern weil er *bat*, weil er sagte, es sei zu deinem und zu meinem Heile – – und, Clarissa, weil mein eigen tobend Herz mich hinausriß, töricht schweifend in das Leere, als seien draußen namenlose ungeheure Dinge zu vollführen – – aber, bin ich gegangen, so bin ich ja auch wieder da, und ich gehe *nie*, *nie* mehr von dir; – du bist mein Atem und mein Pulsschlag. – Draußen ist es dürre, wie Sand, und unersprießlich alle Welt gegen dein schlagendes Herz, gegen deine Güte und gegen deine Liebe; – – siehe, er hat mich groß machen wollen, wie einen seiner Helden, oder gar wie sich selbst, er hat mich abgöttisch geliebt als das Ebenbild meiner Mutter. In unser schönes fernes Land, sagte er, werden wir zurückkehren, dort wolle er es heben zu einem der ersten der Welt, ich werde ihm zunächst stehen, und an mir wolle er es gut machen, was er an meiner armen Mutter verschuldet – er, der Starke gegen alle Welt, war schwach gegen mich, er ließ meine Jugend schwärmen, in die ganze Welt wollte ich fliegen, weit und breit; selbst in Feindeslande ging ich herum, auf eurem Schlosse lebte ich monatelang. – – Als ich ihn glühend um dich bat, sagte er, du bist noch ein Knabe, gehe fort, gehe in die Welt, gehe hin, wo du willst, selbst über das Meer, und wenn du wiederkommst, und sie noch willst, sollst du sie haben, und in unser Land führen – aber geh, und laß lieber fahren das Scheinding – – – aber, o Clarissa, als ich wieder kam, war er längst tot – von all denen, die um ihn trauerten, waren zwei Augenpaare, die gewiß am heißesten weinten, *meines* und sicher auch das meiner fernen Mutter. Ich hab ihn noch einmal gesehen – ich brachte es dahin, daß mir Gruft und Sarg geöffnet wurde. – In den Busen des Kanzlers hatte er die Plane über mich niedergelegt, mit diesem, den Führern und andern mußte ich ein Jahr kämpfen, ein mühselig schleppend Jahr, bis ich mir Freiheit errang, zu tun, wie ich wollte – und dann mein erster Gang – nein, es war ein Fliegen: zu *dir* – zu dir, um zu fragen, ob du mich hassest – ob du verzeihest – – ob du noch liebtest, zu dir ging ich zuerst, dann aber muß ich meine Mutter suchen.«

Seine Augen schwammen in Tränen, welche die fernere Rede erstickten; er wischte mit der Hand darüber und sagte dann unsäglich mild: »Clarissa, du hast dich sehr verändert, und bist größer und stattlicher geworden, und fast schöner, als damals, so daß ich beinahe den Mut verlor, da ich dich heute sah – Clarissa, tue ab den starren Schmuck, der so traurig um dein liebes Antlitz funkelt, sei wieder das Kind, das mich einst so selig machte – nicht wahr, Clarissa, du liebst mich noch? – – – – *Liebst* du mich noch – du, mein schüchtern, mein glühend Kind!« – – Er sah so treuherzig zu ihr hinan, und eine so weiche unschuldige Seele lag in seinen Zügen, – – daß ihr ganzes Herz voll alter Liebe hinschmolz.

Wie schwach und wie herrlich ist der Mensch, wenn ein allmächtig Gefühl seine Seele bewegt, und ihr mehr Schimmer und Macht verleiht, als im ganzen andern toten Weltall liegt! – Der ganze Wald, die lauschenden Ahornen, die glänzende Steinwand, selbst Johanna und Gregor versanken um Clarissa, wie wesenlose Flitter, nichts war auf der Welt, als zwei klopfende Herzen, – allvergessen neigte sie das liebeschimmernde Antlitz und die dunklen strömenden Augen immer mehr gegen ihn, und in Tönen, worüber Johanna erschrak, sagte sie: »O Ronald, ich liebe dich ja, ich kann mir nicht helfen, und hättest du tausend Fehler, ich liebte dich doch – ich lieb Dich unermeßlich, mehr als

Vater und Geschwister, mehr als mich selbst und alles, mehr als ich es begreifen kann ...«

»Und ich«, erwiderte er, ihr in die Rede fallend, – – »siehe, tropfenweise will ich dieses Blut für dich vergießen, ich will gut werden und sanft, wie das Lamm des Feldes, daß ich dich nur verdiene – gehe mit mir in mein Vaterland, oder bleibe hier, ich will auch bleiben – – nimm mir mein Leben, nimm mir die Seele aus dem Leibe, damit du nur siehest, wie ich dich liebe. – –«

Er zog sie gegen sich – machtlos folgte sie – und beide zitternd vor Übermacht des Gefühles stürzten sich in die Arme, so fest umschlingend und klammernd, daß seine blonden Locken auf das Samtkleid ihrer Schultern niederwallten.

Die beiden Zeugen dieser Szene sahen sich verwirrt und staunend an – aber Johanna, die bisher mit steigender Angst zugehört hatte, sprang plötzlich auf und mit den zornesmutigen Tränenfunken in den Augen rief sie: »Clarissa, was tust du denn!?«

Diese, wie aufgeschreckt, fuhr empor, wendete sich um, und wie sie das Kind, dessen Lehrerin und Vorbild sie bisher war, vor sich stehen sah – nein, nicht mehr das Kind, sondern die Jungfrau mit der Purpurglut der Scham im Gesichte, so warf sie sich demütig, und doch strahlend vom Triumphe an ihre Brust. – –

Es war eine stumme Pause, man hörte ihr Schluchzen, und das sanfte Wehen des Waldes. –

Wie sie endlich das milde Haupt wieder aus der Umarmung hob, erleichtert und verschönert, und wie sie mit den selig schönen Augen Johannen voll Liebe in das Gesicht schaute, diese aber noch immer dastand mit Tränen kämpfend: so trat Gregor hinzu, und sagte zu ihr: »Beruhigt Euch nur, liebe Jungfrau, es ist in dem Ganzen kein Arg; denn es ist so der Wille Gottes – darum wird der Mensch Vater und Mutter verlassen, und dem Weibe anhängen – es ist schon so Natur – beruhiget Euch nur, und sehet sie freundlich an, die immer so mütterlich liebreich gegen Euch gewesen ist. – Aber du, Ronald, zu dir sage ich ein Wort, du weißt es, wie du in den Wald gekommen bist, wie du mich gefunden hast, wie ich dich liebhatte, wie wir jagten, Kräuter suchten, Felsen bestiegen, wie wir uns ergötzten, als draußen die Sage ging von dem furchtbaren Wildschützen und seiner kleinen Kugel – ich habe dich damals nur um deinen Namen gefragt, daß ich dich damit rufen könne – du hast mir nie von *dieser* gesagt, daß du ihr so in Liebe zugetan bist, es war auch keine Ursache dazu. Jeder Mensch hat sein Herz, wie jedes Kraut seine Blume, er mag es geheim halten, die Blume tut es nicht – es macht nichts – du gingst fort von mir – ich habe deiner oft gedacht und es war mir, als gingest du mir ab. Jahre vergingen – da kamest du plötzlich an diesen See, und trachtetest stürmisch darnach, mich zu verlocken, daß ich dich mit den Jungfrauen sprechen ließe, auch da noch fragte ich nach keiner Ursache – ich dachte sie mir wohl, nämlich die Schönheit der Jungfrauen reize dich –: aber jetzt, siehe einmal, der Vater dieser Mädchen ist ein hochansehnlicher Mann, ein Mann von gutem Herzen und trefflichen Gaben, er hat so weiße Haare, wie ich; er ist mein Freund, und ein viel älterer, als du – er hat mir diese Kinder gegeben, daß ich ihnen Vater sei, solange sie im Walde leben, bis er sein Schloß aus der Gefahr gerissen – und da will es mich nun bedünken, daß ich dich fragen müsse, wer bist du denn, daß du um *diese* freiest? wes Volkes und Geschlechtes, daß ich es ihm vermelden lassen kann, und wo steht deine Hütte?«

»Meine Hütte, Alter, hat tausend Fenster, und ihre Dächer könnten so viel Land beschatten, als jener See dort deckt, aber sie steht weit, weit von hier, und der sie mir gab, und der mir alles gab, hat sich ein Grab ersiegt in eurer Erde – diese ist nun mein Vaterland! –

O Clarissa, dieser unheilvolle Krieg wird enden, muß bald enden, und dann ist kein Unterschied mehr zwischen schwedisch und deutsch, eure Nordlandsbrüder werden euch lieben, und ihr sie; denn alle sind sie Kinder desselben Namens – sieh mich an, trag ich nicht Zeichen und Abbild an meinem Körper, daß ich ein Germane bin, so rein vielleicht, wie die, die uns jener Römerheld beschrieben hat – dein Vaterland wird fortan meines sein. – Schaue auf diesen schönen, ernsten, schweigenden Wald um uns – o wie lieb ich ihn, wie ergriff er schon, da ich ihn zum ersten Male betrat, mein Herz, das noch das dunkle dämmerhafte Bild jener weiten Fichtenhaine in sich trug, in denen meine Mutter meine ersten Kindertage erzog – und nun mitten in seinen Schoßen erblüht mir die süße, zaubervolle, märchenhafte Waldblume meines Glückes: *du!* – – O Clarissa, warme dunkle Blume, wie neigt sich dir mein Herz! Oh, lehre es das Wort seiner Liebe aussprechen, daß es nicht daran verschmachte.«

Er war wieder ihr gegenüber gesessen, sein leuchtendes Antlitz zu ihr emporgewendet, umwallt von dem flüssigen Gold der Haare, angeschaut von den zwei vollen Sternen ihrer Liebe. – Sie war mit jener schönen Empfindung des Schicklichen, die Frauen selbst in der Glut des Gefühles nicht verläßt, zu Johannen gesessen, und war fortwährend mehr ihr als ihm zugewendet. Bei seinem letzten Worte tat sie ihre Lippen auf und sagte halb zärtlich, halb schamvoll: »Ronald, schone Johannen.«

»Nur noch einen Augenblick, süße Blume, laß mich schauen in dein Auge«, entgegnete er, »nur einen Augenblick noch, daß ich mir mein Glück einpräge, und nur ein Tausendstel davon mit forttragen kann – ich weiß nicht, geht von dir dieser Zauber der Verwandlung aus oder von dem Walde – mir ist, als wär' ich ein anderer, als wäre draußen nicht der Sturm und die Verwüstung, sondern, wie hier, die stille warme Herbstsonne. Siehe, die Steinwand schaut festlich flimmernd nieder, der Ahorn läßt Zeit um Zeit ein Blatt fallen, dort zirpt die Herbstheuschrecke, die sanfte Luft vermag nicht einmal jene glänzenden Fäden zu zerreißen, und die Wärme des Nachmittags sinkt zitternd längs dem grauen Gesteine nieder – – mir ist, als gäbe es gar kein Draußen, gar keine Menschen, als die hier, die sich lieben, und Unschuld lernen von der Unschuld des Waldes – lasse es mich noch einen Augenblick genießen, wer weiß, ob wieder ein solcher kommt; denn der Mensch ist vergänglich, wie das Blatt des Baumes, ja noch mehr als dies; denn dasselbe kann nur der Herbst abschütteln, den Menschen jeder Augenblick.«

Bei diesen Worten sah selbst Johanna, die liebevoll Wandelbare, mit Freundlichkeit und Teilnahme auf den schönen Jüngling, und selbst mit schwach aufsteigender Neugier, wo es denn liege, was ihren größten Schatz dieser Erde, Clarissas Herz gewonnen.

»Laß diese Wiese«, fuhr er fort, »diese schöne Wiese, auf der wir sitzen, unbedeutende Geschöpfe vor dem Herrn, wie die andern, die da spielen und atmen in den Gräsern und Gesteinen, umweht von den Wäldern Gottes, in denen kein Rang und Stand ist – lasse sie den Verlobungssaal sein – und alles, was uns umringt, sei Zeuge – reiche mir die Hand, Clarissa, so mir Gott gnädig sein wolle, bin ich dein für alle Zeiten, in Leid und Freud', und sollte dies Auge unversehens der Schatten des Todes berühren, so weine ein kleines Tränlein als meine Witwe.«

Ein leichter Schauder ging über Clarissen; sie war in höchster Erschütterung aufgestanden, und, unfähig nur ein einzig Wort zu sagen, legte sie ernst, wie mit kirchlicher Andacht ihre Hand in seine. Johanna atmete bange auf, daß sich ihr Busen hob und senkte, und die angerufenen Zeugen standen todesstumm herum, nur der Fichtenwald streute seinen Harzgeruch als Weihrauch darauf, und die Grillen zirpten leichtsinnig fort.

Der alte Jäger stand, auf seine Büchse nach vorn gelehnt, wie ein Standbild, und keine Fiber an ihm verriet, was in ihm vorgehen könne. Ronald griff mit der linken Hand umher, als suche er Johannas ihre; – diese in ein krampfhaftes Schluchzen ausbrechend, reichte sie ihm, und drückte sie lange und fest, gar nicht loslassend, gleichsam eine stumme hülflose Bitte um Clarissas Glück.

Nach einigen Sekunden sprachloser Gemütsbewegung löste sich sanft die Gruppe, und der schöne Schwedenjüngling trat an Clarissa, neigte seinen Mund auf ihre Stirne und küßte sie ernst und ruhig, die demütig, wie eine erglühende Blume unter seinem Hauche dastand. Dann aber trat sie zu Johannen und nahm sie wie in den schönsten Tagen des vergangenen Schwesterglückes bei der Hand, wohl fühlend, was das unschuldige Herz neben ihr in diesem Augenblicke verlor. Zu ihm gewendet aber sagte sie beklommen die Worte: »Ronald, wird es gut sein, was wir taten – ach, ich dachte nicht an meinen Vater! – sage, wird es gut sein, und was wird nun ferner zu tun sein?«

»Höre mich, mein Herz«, antwortete er, »was längst beschloßne Sache war. Ich gehe fort, und zwar augenblicklich. Mit deinem Herzen bin ich verständigt, nun zu deinem Vater. Euer Schloß ist in Gefahr. Unter Torstensohns Befehlen steht die Abteilung, – die bestimmt ist, bei Gelegenheit seines Durchzuges Wittinghausen zu nehmen. Torstensohn und ich lieben uns seit früher Zeit, und gewiß bringe ich es dahin, daß man euer harmlos Haus ganz unangetastet läßt, und daß auf dem hochverehrten Haupte, das mir und dir heilig ist, kein einzig Härchen gelüftet werde. Ich weiß, daß in dieser Zeit der Übergang geschehen werde, und sollte doch eine Belagerung stattfinden, so werde ich dabeisein, um deine beiden Geliebten zu schützen. Wenn nicht alle Zeichen trügen, so naht dieser Krieg schnell seinem Ende; in der Zeit lege ich Deinem Vater alles vor, was er über mich zu wissen braucht, und wenn sich die versöhnten Völker umarmen, und *ein* Schrei des Jubels durch die Länder geht, dann, Clarissa, falle unser kleines Fest in das große allgemeine – ich suche meine Mutter, bringe sie in euer Land – – und, Clarissa, hier an dieser Stelle, auf dieser heiligen Insel des Waldes lasse ich uns ein lieblich Haus bauen, und wohnen wir gleich nicht immer da, so besuchen wir doch die zauberische Stelle oft, und sind wieder, wie jetzt, die einsamen, losgebundenen Kinder des Waldes. – Und nun, du mein klopfend Herz, der Augenblick, daß du dich an dieser Blume noch erlaben wolltest, ist vorüber, rüste dich – – und, gebe Gott der Herr Gedeihen und ein frohes Wiedersehen, – – noch in dieser Minute gehe ich. Die Zeit ist maßlos kostbar; darum drang ich so stürmend auf diese Unterredung, und führte sie mit Gewalt herbei. – – – Noch einen Blick in dein Auge! – – – So – ach, es deucht mir gar nicht möglich, daß ich fortgehen soll. –«

Tränen umflorten seinen Blick, aber sich schnell fassend, reichte er die Hand an die Mädchen: »Lebe wohl, Clarissa, Braut! Lebe wohl, Johanna, und du, Gregor, Gott schütze dich; hüte diese beiden, wie die Sterne deiner Augen« – und somit wollte er sich wenden, aber Gregor hielt ihn auf, und sagte: »Ronald, in allem, was du sagtest, ist Vernunft, ich lobe dich deshalb, nur in *einem* ist Torheit, wie du sie öfter hattest; baue an dieser Stelle kein Haus – du tätest dem Walde in seinem Herzen damit wehe, und tötetest sein Leben ab – ja sogar, wenn diese Kinder wieder in ihr Schloß gehen, dann zünde jenes hölzerne Haus an, streue

Kräutersamen auf die Stelle, daß sie wieder so lieblich und schön werde, wie sie es war seit Anbeginn, und der Wald über euer Dasein nicht seufzen müsse. – So, jetzt gehe, halte dich von dem Seebache rechts durch die Buchenlehnen, du gewinnst an Weg – steige die Felsenleiter wieder hinauf. Ich ließe dich überführen, aber unsere Leute sollen nicht wissen, daß du da warest – so gehe einmal, Knabe!«

Dieser aber blickte wie aus Träumen auf, und noch ein Händedruck – ein sekundenlang Zögern – dann nahm er die Flinte und schritt entschlossen der Felswand zu.

Die Mädchen sahen ihn noch lange, wie sich die graue Gestalt in dem grauen Gesteine regte, winzig klein, bis nichts mehr sichtbar war, als die ruhige schon im Nachmittagsschatten stehende Wand.

Man sah sich wechselweise an. War's ein Traum, daß in der Wildnis nur eben eine andere Stimme erklungen war, als die ihre – die Sonne schien, wie immer, die Vögel zwitscherten und der blaue Waldhimmel sah hernieder. Gregors Stimme tönte plötzlich recht sanft in die Träumerei: »Der Mann muß Euch sehr lieben.«

Ihr Auge schlug mit einem schönen Blicke auf zu ihm, dem väterlich Verehrten, aber Johanna sagte schmerzvoll: »Möge sich alles zum Glücke enden!«

Diese Worte waren die einzigen, die von der Gesellschaft über die seltsame Verlobung gesprochen wurden, die eben wie ein unheimlich Schattenspiel auf ihrer Wiese vorübergeglitten war, nichts zurücklassend, als den schönen prangenden Boden, auf dem sie noch standen, und über den sie drei so oft in Lieb' und Eintracht geschritten. Auch heute ging man an den Ruhebänken, an den Ahornstämmen vorüber, und dem Wasserfaden ihrer Quelle entlang, wie immer, aber mit Gedanken, *nicht* wie immer.

Die im Hause sahen gegen Abend den Jäger und die Mädchen von ihrem Spaziergange aus dem Ahornwäldchen zurückkehren, und wunderten sich nur über die eigensinnige Vorsicht des Alten, daß er sie alle zur Bewachung des Hauses innerhalb der Pflöcke hereingesperrt habe.

Sie traten von der Waldwiese in das Haus. – Clarissa war nicht mehr ruhig – Johanna nicht mehr glücklich.

6
Waldfels

Und die alte Ruhe war wieder über dem Walde. – – Zuweilen, wenn das silberne Schiff, die Wolke, einzeln durch die Bläue zieht, so geht unten ein Schatten über den Wald, und dann steht wieder dasselbe feste Licht auf seiner ganzen Breite – – oder wenn das Stahlgrau des Spätherbstes fest über die ganze Himmelskuppel gegossen liegt, so tritt ein Sonnenstrahl heraus, und küsset aus dem fernen Buchenhange ein goldnes Fleckchen, das gegen den Rand zieht, und von ihm unsichtbar in die Luft tritt, nachher ist dasselbe Grau über alle Weiten. Und so war es mit den Schwestern.

Sonnen waren wieder gekommen und waren wieder gegangen, aber sie wurden immer kürzer und kühler. Gregor traf allerlei Vorkehrungen. Das Tor an den Pflöcken stand nachgerade wieder offen, weder gesperrt, noch eingeklinkt, und die Mädchen konnten wieder auf ihrer Wiese weit und breit gehen, und sie taten es auch. – Am Hause sammelte sich gemach eine Schicht Brennholzes nach der andern, von den Knechten aus den Gaben des Waldes gelesen; denn Gregor ließ nicht zu, daß ein frischer Baum gefällt werde – eine Mooshülle begann man über die Wände zu weben, das Winterkleid des Hauses. – Der zarte, schwerfällige Sohn des Spätjahres hatte sich bereits eingestellt, der Nebel, und oft, wenn die Schwestern an der noch immer sonnenwarmen Wand ihrer Felsen saßen, die einzelnen Glanzblicke des Tages genießend, so wogte und webte er draußen, entweder Spinnenweben über den See und durch die Täler ziehend, oder silberne Inseln und Waldesstücke durcheinanderwälzend, ein wunderbar Farbengewühl von Weiß und Grau und der roten Herbstglut der Wälder; dazu mischte sich die Sonne und wob heiße weißgeschmolzne Blitze und kalte feuchte blaue Schatten hinein, daß ein Schmelz quoll, schöner und inniger, als alle Farben des Frühlings und Sommers. Und wenn die Mädchen dann so schweigend hinaussahen, so rieselte es neben ihnen leise, und ein oder zwei blutrote Blätter des Waldkirschbaumes fielen zu ihren Füßen. Sie saßen da und sahen selber herbstlich trauernd dem Schauspiele zu, ahnend, wie majestätisch der Winter hier sein müsse, da sich ihm ihre Wildnis mit solcher Feierlichkeit und Stille entgegenrüste. Im Hause wurden Hauen, Schaufeln, Schneereife, Schlitten und andere Geräte angehäuft, um nicht eingeschneit zu werden, oder durch Schneemassen von der Welt abgeschnitten.

Seltsam ist der Mensch und seltsamer sein Herz. Wie einförmig waren vor Ronalds Ankunft die Tage einer um den andern im Walde hingegangen! Täglich dieselben Farben, dieselben Stimmen, dieselbe Feierlichkeit, und auf dem See dieselbe Windstille, daß es öfters war, als hätten sie Langeweile; – nun war eine Fülle, ja ein *Schauer* von Wonne über Clarissas Herz gegangen, ausströmend von jenem unbegreiflichen Gefühle, wodurch der Schöpfer die zwei Geschlechter bindet, daß sie selig seinem Zwecke dienen – aber dennoch war ihr nicht, als sei sie selig, ja ihr war, als seien jene einförmigen Tage vorher glücklicher gewesen, als die jetzigen, und als habe sie sich damals mehr geachtet und geliebt. – Sie blickte fast mit Wehmut darnach zurück, wie sie so gegangen war durch die Stellen des Waldes mit Gregor, mit Johannen, unschuldig plaudernd, selbst so unschuldig wie die Schwester und der Greis, die so schön an sie geglaubt hatten, dann abends kosend und lehrend und einschlafend mit Johannen, deren einfältigem Herzen sie Schatz und Reichtum dieser Erde gewesen – – und jetzt: ein schweres süßes Gefühl trug sie im Herzen, hinweggehend von den zwei Gestalten an ihrer Seite, den sonst geliebten, und suchend einen Fremden, und suchend die Steigerung der eignen Seligkeit. – – O du heiliges Gold des Gewissens, wie schnell und schön strafst du das Herz, das beginnet, selbstsüchtig zu werden.

Johanna, wie überschüttend auch die Liebesbeweise ihrer Schwester waren, und vielleicht eben darum, fühlte recht gut, daß sie etwas verloren – nicht die Liebe der Schwester, diese war ja noch größer und zarter, nicht ihr früher gegenseitig Tun und Wandeln, das war wie ehedem – was denn nun? Sie wußte es nicht; aber es war da, jenes Fremde und Unzuständige, das sich wie ein Totes in ihrem Herzen fortschleppte; – sie liebte Clarissen noch heißer, als früher, weil sie ihr erbarmte, aber oft überkam ihr Herz, wie ein Kind, ein Heimwehgefühl nach der Vergangenheit, und dies trat dann zuweilen bei den geringfügigsten Dingen hervor, die sich mit ein paar Fäden zurückspannen in die Zeit, die einzig schön und einfach war. So kamen sie eines Tages ob dem See über den Verhau herüber, und traten auf ein Birkenplätzchen hinaus, das sie im Sommer seiner Hitze wegen geflohen hatten; denn es lag in eine Felsenbucht hinein, von der die Sonnenstrahlen glühend widerprallten. Jetzt floß, wie süße Milch, der laue Nachsommer um die weißen Stämme und um ihre einzelnen goldgelben Blätter; er floß hier wärmer, und schmeichelnder als an jeder andern Stelle, und wie sie vorwärts schritten, gewahrten sie, ordentlich sonderbar in so spätem Herbste, eine ganze Versammlung jener schönen großen Tagesfaltern, die von den vier dunklen, beinahe schwarzen Flügeln mit den gelben Randbändern den Namen Trauermantel erhalten haben, teils auf dem weißen Stamme sitzend, die dürftige Sonne suchend, und nach Art dieser Tiere in derselben spielend, indem sie die Flügel sachte auf- und zulegten – oder indem sie mit den unhörbaren Flügelschlägen um denselben Stamm herumflatterten, auf dem die andern saßen. Die Mädchen blieben überrascht stehen, und betrachteten das seltsame Schauspiel. Die zarten Mäntel waren von so weichem unverletztem Samte, die Bänder von so frischem dunklem Gelb, daß Johanna augenblicklich ausrief: »O ihr armen betrogenen Dinger, ihr seid noch Kinder, und alle noch in eurer Kinderstube versammelt; die warme Herbstsonne dieses Platzes log euch heraus, und nun seid ihr da, unheimliche Fremdlinge dieser Sonne, trägen Flügelschlages in diesem Afterfrühlinge, und gewiß sehr hungrig; denn wo sind die Blumen und die Lüfte und die summende Gesellschaft, die euch das Herz eures Raupenlebens versprach, und von denen euer Puppenschlaf träumte. – Sie werden alle kommen, aber dann seid ihr längst erfroren.«

»Da irret Ihr Euch, Jungfrau«, fiel der alte Jäger ein, »es kommt nur darauf an, ob sie sich vermählen oder nicht. Diese Tierchen sterben bald nach ihrer Hochzeit, und wie oft habe ich nicht eine Mutter tot an demselben Zweige hängen gefunden, um den sie ihre Eier gelegt hatte. Wenn sie sich aber nicht vermählen, so erstarren sie, und seht, in einer Felsenritze geduckt, oft in Eis und Schnee gefroren, überdauert dieses zerbrechliche Wesen den harten Winter des Waldes, und erlebt dann seinen versprochenen Frühling. Habt Ihr noch nie schon beim ersten Sonnenblicke, wenn noch kaum Halm und Gras hervor ist, einen Falter fliegen gesehen mit ausgebleichten zerfetzten Flügeln, wie ein vorjährig verwittert Blatt? – Dies ist so ein Überwinterer.«

Aber Johanna antwortete nicht; die Rede des Alten fiel ihr wie ein Stein auf das Herz; es wurde ihr fast so weh, daß sie nichts redete, und der armen Schwester nachsah, die vorausging und ihre Gedanken längst schon von den Faltern abgewendet hatte.

»Die in unsrem Garten zu Hause sind aber auch viel lustiger und schöner«, sagte sie endlich zu Gregor, »sonst hätte Clarissa schon mehr auf sie, und auf unsre Rede geachtet.«

Aber ein Tränentropfen kam ihr in die Augen.

Gregor schwieg und schüttelte den Kopf.

Schon früher einmal, da sie es selbst nicht wußte, hatte er ihr schweres Herz bemerkt. Zwei Sperlinge waren die Veranlassung gewesen. Als nämlich Johanna einmal nach dem Mittagessen auf den Söller trat, um den Hühnern die Brosamen hinabzuwerfen, so bemerkte sie unter ihnen zwei dieser menschenliebenden Vögel, mit hastigem Hunger von den Körnern pickend, die für die Hühner dalagen. Sie erschrak beinahe freudig, denn sie meinte, sie können nicht anders als vom Vaterhause gekommen sein, und eine solche Wehmut kam über sie, daß ihr fast ein Weinen ankam!! –

»Gregor, verscheucht sie nicht«, rief sie hinab, »daß sie ihr Mittagsbrot verzehren können, ehe sie ihre weite Reise wieder antreten.«

»Sie reisen nicht«, antwortete er, »denn sie sind schon drei Tage hier. Dieser Vogel sucht den Menschen, und findet ihn selbst in der Wildnis, um in seinem Hause zu wohnen. Wenn wir über Winter da sind, diese bleiben gewiß auch da.«

Johanna schaute zärtlich hinunter, und ließ Brosamen und Tränen fallen, – sie wußte nicht, warum ihr Herz bedrängt sei. – – Du ahnungsvolle Unschuld! – der glänzendweiße Seraph deiner Schwesterliebe fühlt sich bedrückt durch *den*, der seine dunklen Schwingen im Herzen der Schwester reget.

Und dennoch ging sie hinein und zog Clarissen heraus, um ihr die Sperlinge zu zeigen.

Gregor führte »seine Kinder« wie vor und ehe durch die Wälder und zeigte ihnen das allgemache Winterrüsten, das langbärtige Moos der Birken- und Tannenäste, die fliegenden Waldsamen, unter die dürre Hülle der Gräser und Blätter schlüpfend, das Abfallen der letzten Himbeeren und das Verkümmern der noch nicht gezeitigten; er zeigte ihnen an den Laubzweigen schon jetzt die Vorbilder der künftigen Frühlingsknospen in ihren braunen Panzern. Die Fichtengeschlechter standen unverändert in düstergrüne Mäntel eingehüllt, auf Eis und Schnee harrend, und der Eichbaum hielt sein raschelnd Laub fest in den tausend zähen Fingern. Ja, Gregor malte ihnen schon die künftige Winterschönheit vor: an heiteren Tagen das Glänzen und Flimmern, das Leuchten, Spiegeln hier und dort und oben und unten, ein durchbrochner Eispalast der ganze Wald, zart wie Spitzengewebe ihres Kleides, ja tausendmal zarter hängend von Zweig zu Zweig, dann das Krachen, wenn eine Schnee- oder Eislast bricht, und die feste kalte Luft erschüttert – oder wenn sie nachts bei Lichte in der warmen Stube sitzen, kein Lüftchen um das Haus, oben aber Tauwind geht, daß die Wälder seufzen, und sie das ferne Wehen und Sausen bis in ihr Bette hören, oder das Knarren und Girren der reibenden Stämme, und vom Felsen das Brechen und Fallen der Lawine – oder im Frühlinge, wenn die neugebornen Bäche nächtlich allüberall von den Höhen rauschen, und ahnungsreich ans Ohr schlagen – – – es ist keine Jahreszeit, in der er nicht die Pracht des Waldes gesehen.

Er dichtete und erzählte auf den Wanderungen wie früher, und schwärmte sich in Fantasien und Gefühle der Einöde hinein, wie früher, aber der dichterischen Rede fehlte jetzt das dichterische Ohr; denn er in seiner Einfalt wußte nicht, daß Clarissa viel öfter an Ronald dachte, als er selber, und Johanna an Clarissen. Dafür aber, *wenn* sich jetzt ein Ohr für ihn auftat, so fielen seine Worte in empfänglichere schwülere Herzen, und lockten aus ihnen Blumen empor, größer, dunkler, duftender als je zuvor.

Vom Vater war seit langem gar keine Botschaft gekommen, Gregors Enkel blieb aus, und zu ihrer Unruhe dauerte schon die Verschleierung des Himmels über vierzehn Tage, so daß man nicht gegen Wittinghausen sehen konnte.

Die Kohlmeise wurde nicht mehr gehört, der Krammetsvogel war fort, und fast täglich zog sich durch den grauen Himmel der graue Faden der Wandergänse, nach Süden ziehend.

Oft, wenn der Nachtnebel über den See sank, riesenarmige Schatten durcheinandergriffen, unten am Wasser gestaltlose schwarze Dinge standen, und die sanfte Mondesscheibe über all den Perlenflor ein trübes, gehauchtes Gelb goß: saß das schöne Paar in dem bereits geheizten Zimmer, durch dessen Fenster ihr Lampenlicht goldne Fäden hinausspann in die Silbernacht des Nebels, und Clarissa goß all ihr Lieben und ihr Hoffen in die Harfentöne, und Johanna sah sie liebreich und erbarmend an, in ihrem Herzen denkend, oh, es ist nicht gut so – mir ahnt, es ist nicht gut so ...

»Wie schön er ist, und wie hold er unsre Sprache redet«, sagte Clarissa plötzlich.

»Aber«, entgegnete Johanna, »eines Tages wird er fortgehen und ein Held werden, wie sie sagen, d. h. er wird Menschenblut vergießen, wie die anderen, ohne um den Grund zu fragen, wenn nur Abenteuer und Gefahr dabei ist, und da wird er sich erst groß und würdig dünken. Klebt auch, wie du sagst, noch kein Tröpflein deutsches Blut an seinen Händen, so wissen wir nicht, ob es nicht in dem Augenblicke der Fall sein kann, als wir hier reden, oder morgen oder übermorgen – – es ist ein hartes gewalttätiges Geschlecht – o wie hasse ich sie, diese Männer!«

Clarissa lächelte selig und schüttelte sanft das Haupt.

Endlich war ein Abend gekommen, der ungleich seinen grauen Vorgängern so rein und kalt, wie eine aus

Gold gegossne Kuppel über dem Walde stand, und auch *blieb*, ja des Nachts sich mit einem Übermaß der Sterne füllte, daß man meinte, sie hätten nicht Platz und einer berühre den andern.

Eine sehr kalte Nacht folgte, und als die Sonne aufgegangen, stand der ganze Wald in weißem Reife da, in lauter weißen Funken brennend und glitzernd, so dicht, als wäre nachts der ganze Sternenhimmel auf ihn herabgesunken.

Gregor gab nicht zu, daß man im Reife und der Morgennässe aufbreche, sondern erst gegen Mittag, als der ungewöhnlich kalten Nacht eine ungewöhnlich heiße Sonne gefolgt war, traten sie den Weg auf den ersehnten Blockenfels an.

Sie waren jetzt lange nicht dort gewesen. Wie verändert war der Wald! – Bis ins fernste Blau zog sich das Fahlrot und Gelb des Herbstes, wie schwache blutige Streifen durch das Dämmerdunkel der Nadelwälder gehend, und alles war ruhig, gleichsam ergeben harrend, daß es einschneie. Nur der Himmel, so lieb und rein, wie einst, ohne ein einzig Wölklein, zog über die schweigsame Waldestrauer hinaus. Johanna fand durchaus den kleinen blauen Würfel nicht am Waldesrand, wie sehr sie ihr Auge auch anstrengte, und wie klar und fast wesenlos die Herbstluft auch war. Clarissa, wie gewöhnlich, richtete das Rohr – – aber auch sie fand das Schloß nicht, sondern rückte und rückte am Waldessaume entlang, und wieder zurück, sie sah wohlbekannte Biegungen und Linien, in deren Nähe das Schloß sein sollte, – – endlich erklärte sich das Rätsel: wenn auch nicht am ganzen Himmel, so lag doch an dem fernen Waldsaume ein kleines Wölklein gerade da, wo sie das Vaterhaus sehen sollten. Gregor glaubte, sie sollen ein wenig warten, etwa vergehe es bald, wenn es nicht sei, wie im Herbste so oft, daß der Nebel an einem einzigen kleinen Punkte anzuschießen beginne, wie ein unbedeutend Wölklein, das hereinhängt, bis er sich schnell vergrößert, und endlich ganze Waldstrekken einhüllt. Wenn letzteres der Fall ist, wird morgen gewiß schlechtes Wetter sein, und dann harren sie vergebens.

Sie warteten. –

Aber weder vergrößerte sich das Wölklein sonderlich, noch auch verzog es sich, bis sogar der Greis darauf drang, die Sache für heute ganz aufzugeben, da der Nachmittag jetzt so kurz sei, und sie doch bei zwei Stunden brauchen könnten, bis sie in ihr Haus kämen. Morgen sei gewiß allen Anzeichen nach ein noch schönerer Tag, und er werde sie sodann so früh, als möglich heraufführen. Noch drei-, noch viermal sahen sie durch das Rohr, aber ohne Erfolg, und sie trennten sich endlich ungern und unruhig von dem Platze. – Man langte zu Hause an. Dieselbe goldne wunderschöne Kuppel, wie gestern, baute sich auch heute abend über die dunklen abendfrischen Waldhöhen auf, und dasselbe Wimmeln der Gestirne folgte, wie gestern, aber fast noch dichter, als sänke der ganze Himmel in einem leisen lichten Schneeregen nieder, woraus der Alte einen noch klareren Tag prophezeite.

Alles suchte die Ruhe. Gregor verbrachte eine schwere kummervolle Nacht.

Endlich kam der Morgen. Dieselbe spiegelreine Sonne stieg herauf, wie gestern, und beleuchtete den Reif, der schnell so Blatt als Gras der Veralterung und dem Verfalle entgegenführte. Die Mädchen drängten den Greis, aber er hieß sie die reine Mittagsluft erwarten.

Endlich brachen sie auf, wieder von einer fast heißen Sonne geleitet. Im Emporsteigen konnten sie recht die Verwüstungen des Frostes betrachten, wie noch rückgebliebene Blätter rostbraun oder blutrot oder vergelbt am Strauchwerke hingen, und wie die Farrenkräuter, und die Blätter der Beeren und die aufgeschossnen Schafte gleichsam gesotten und schlapp herabhingen.

Johanna war die erste am Gipfel des Felsens, und erhob ein lautes Jubeln; denn in der glasklaren Luft, so rein, als wäre sie gar nicht da, stand der geliebte kleine Würfel auf dem Waldesrande von keinem Wölklein mehr verdeckt, so deutlich stand er da, als müßte sie mit freiem Auge seine Teile unterscheiden, und der Himmel war von einem so sanften Glanze, als wäre er aus einem einzigen Edelsteine geschnitten.

Clarissa hatte inzwischen das Rohr befestigt und gerichtet. Auf einmal aber sah man sie zurücktreten, und ihre Augen mit sonderbarem Ausdrucke auf Gregor heften. Sogleich trat Johanna vor das Glas, der Würfel stand darinnen, aber siehe, er hatte kein Dach, und auf dem Mauerwerke waren fremde schwarze Flecken. Auch sie fuhr zurück – aber als sei es ein lächerlich Luftbild, das im Augenblicke verschwunden sein müsse, drängte sie sogleich ihr Auge wieder vor das Glas, jedoch in derselben milden Luft stand dasselbe Bild, angeleuchtet von der sanften Sonne, ruhig starr, zum Entsetzen deutlich – und der glänzende, heiter funkelnde Tag stand darüber – nur zitterte es ein wenig in der Luft, wie sie angestrengten Auges hineinsah; dies war aber daher, weil ihr Herz pochte, und ihr Auge zu wanken begann.

Als sie sich nun ohnmächtig zurücklehnte, hörte sie eben, wie Clarissa mit schneebleichem Antlitze sagte: »Es ist geschehen.«

»Es ist geschehen«, erwiderte Gregor; »mir ahnete gestern schon aus dem sanften unbeweglichen Wölklein – aber lasset mich es auch erblicken.«

Mit diesem Worte schaute er in das Rohr, aber ob auch sein Auge durch Übung vielmal schärfer war, als das der Mädchen, so sah er doch auch nichts anders, als sie: in schöner Klarheit einen gewaltigen Turm von dem Waldrande emporstehen ohne Dach, und mit den schwarzen Brandflecken, nur schien es ihm, als schwebe noch eine ganz schwache blaue Dunstschichte über der Ruine. Es war ein unheimlicher Gedanke, daß in diesem Augenblicke dort vielleicht ein gewaltiges Kriegsgetümmel sei, und Taten geschehen, die ein Menschenherz zerreißen können; aber in der Größe der Welt und des Waldes war der Turm selbst nur ein Punkt. Von Kriegsgetümmel ward man gar nichts inne, und nur die lächelnde schöne Ruhe stand am Himmel und über der ganzen Einöde.

Es ergriff hart das Herz des alten Mannes, daß er mit den Zähnen knirschte, jedoch er tat nicht den geringsten Schmerzenslaut, sondern vom Rohre wegtretend, sagte er: »Da haben sie etwas davon, wenn sie das alte Dach abbrennen, wo man ohnedies bald ein neues hätte setzen müssen. – Was er doch für ein erfahrner Kriegsmann ist, Euer Vater; er hat es gerade so vorausgesagt. Tröstet Euch nur, meine Kinder, – Clarissa, schaut nicht so schreckhaft auf einen Punkt hinaus!«

»Ja«, erwiderte sie langsam, »das Dach ist verbrannt worden, das sehen wir, aber was noch geschehen ist, das sehen wir mit diesem Rohre nicht – – sagt, warum kommt Euer Enkel Raimund nicht, warum keine Botschaft schon seit Wochen?«

»Weil nichts entschieden war«, fiel Gregor ein; »gestern, vorgestern kann der Brand erst stattgefunden haben, darum wird und muß morgen oder übermorgen Botschaft eintreffen, ja wer weiß, ob sie nicht schon unser im Hause harret. Kommt, – es geschah, was wir voraus wußten. – Daß ein Haus verbrannt von durchziehenden Heerhaufen wurde, ist nichts Absonderliches und wird oft in diesem Kriege geschehen sein.«

»Aber zwei Menschen waren in diesem Hause ...«

»Und einer davon«, unterbrach er, »war einst ein großer Krieger, der gewiß für Abzug und Geleite, oder für ehrliche Haft unterhandelt haben wird.«

»Und ein andrer war dabei«, fuhr Clarissa fort, »der sagte, daß auf dem hochverehrten Haupte kein einzig Härchen sollte gelüftet werden.«

»Und es wurde auch kein einziges gelüftet, wenn Ronald zugegen war ...«

»Oder?«

»Es ist auch auf *seinem* Haupte kein einziges mehr lebendig.«

Zwei angstvolle Gesichter sahen in maßloser Bestürzung auf ihn.

»Macht mich nicht selbst zum Toren«, rief er unwillig aus, »und jagt mir nicht kindische Angst ein – ich sage Euch ja, es ist nichts geschehen, weil's zu unvernünftig wäre – – darum gebt Eure Sorge und Euer Herz in Gottes Hand, und harret nach Eures Vaters Willen auf die Entscheidung. Kommt, nehmt weg das Rohr, und lasset uns den Heimweg suchen.«

Aber sie nahmen das Rohr nicht weg. Clarissa warf sich neuerdings vor das Glas, und sah lange hinein – aber dieselbe eine Botschaft war immer darinnen, doppelt ängstend durch dieselbe stumme Einförmigkeit und Klarheit. Auch Johanna sah hindurch, um ihn nur gewöhnen zu können, den drohenden unheimlichen Anblick; denn sobald sie das Auge wegwendete, und den schönen blauen Walddduft sah, wie sonst, und den lieblich blauen Würfel, wie sonst, und den lachenden blauen Himmel gar so prangend, so war es ihr, als könne es ja ganz und gar nicht möglich sein – und wenn sie wieder in das Glas sah, so war's, als sei selbst das heitre Firmament düster und schreckhaft, und das Walddunkel ein riesig hinausgehendes schwarzes Bahrtuch.

Endlich – Clarissa faßte sich zuerst, und den Gedanken verwerfend, den die erste Fieberhaftigkeit eingegeben, nämlich alsogleich aufzubrechen und koste es, was es wolle, das Vaterhaus zu suchen, schlug sie vor, ohne Säumen in das Haus zu gehen, und sogleich einen der Knechte auf Kundschaft auszusenden, und, bis er zurückkehre, oder ein anderer Bote eintreffe, bei vorsichtigster Bewachung der Zugänge im Hause zu verharren. Sogleich nahm sie auch das Rohr ab, und schob es ineinander, sich selbst und Johannen jeden ferneren Blick strenge versagend, um nicht länger den untätigen Schmerz und die vielleicht unnötige Angst zu nähren.

Johanna, mit einem Schmerzblick, ließ es geschehen; aber es loderte in ihr auch Bewunderung Clarissens auf, die wieder ihre schöne starke Schwester geworden, der sie sich sonst so gerne und so liebend unterworfen hatte.

Gregor billigte alles, nur nicht das Wegsenden eines Knechtes. »Euer Vater«, sagte er, »weiß, daß Ihr dies Rohr habt, und von dem Stande der Dinge unterrichtet sein müsset; er wird daher keine Minute säumen, Euch das Nähere kundzutun. – Der Knecht könnte in Feindeshand geraten, und in der Angst Euren Aufenthalt offenbaren.«

Die Mädchen sahen ein, und gaben nach.

Noch einen traurigen Blick taten sie über Weite und Breite ihrer herbstlichen Wildnis, und dann verließen sie den Gipfel ihres vielgeliebten Felsens mit Gefühlen, so ganz anders, als sie sonst immer herabgestiegen waren – mit Ahnungsgefühlen, die jede heimlich angstvoll wälzte, und der andern verbarg und sie an ihr bekämpfte.

Am See standen die zwei ruhigen dunklen Gestalten der Knechte, die auf sie warteten, man bestieg den Floß und fuhr über. Gregor ließ das Fahrzeug anbinden, und als man durch das Pfahltor eingegangen war, wurde es eingeklinkt und mit den Riegeln verschlossen. Nachts löseten sich die Knechte im Wachen ab.

Morgen erschien und verging, aber kein Bote war gekommen.

Ebenso übermorgen.

Und so verging Tag um Tag, bis ihrer eilf vorüber waren, ohne daß Botschaft gekommen. Gregor gab nach, und geleitete sie noch einmal auf den Felsen. Mit derselben starren Einfachheit stand die Ruine am Waldrande, wie des ersten Tages, aber nicht ein Hauch einer andern Nachricht war von ihr herübergekommen. Die Angst mit breiten schwarzen Flügeln senkte sich auf Tal und Wald.

Endlich sanken die ersten weißen zarten Schneeflokken in den dunklen See – und man hatte nun doch einen Knecht auf Kundschaft ausgesendet. – –

Aber auch er ist nicht wiedergekommen.

7
Waldruine

Auf grünem Weidegrunde stand ein gewaltiger viereckiger Turm, von zerfallendem Außenwerke umgeben. Er hatte kein Dach, und seine Ringmauern hatten keine Tore, gerade, wie er noch heutzutage steht – aber er trug noch nicht die verwitterte graue Farbe seiner bloßgelegten Steinmauern, wie heute; sondern war noch bekleidet mit Anwurf und Tünche, nur war deren Reinheit beschmutzt mit häßlichen Brandflecken, aus den Fenstern ausgehend, und wie Kometenfahnen aufwärts zielend. Auch war in dem äußern Mauerwerke manch tiefe Verwundung ersichtlich. Der Rasen umher war verschwunden, und glich einer gestampften Tenne, von tiefen Räderspuren durchfurcht, und hie und da mit einem verkohlten Baume oder Trümmern unbekannter Geräte bedeckt. Die größte Stille und ein reiner Himmel mit freundlicher Novembersonne schaute auf diese Todesstelle nieder. Kein Gedanke eines Feindes war ringsum zu erschauen, aber auch kein einzig anderes lebendes Wesen stundenweit in die Runde; die Hütten waren verbrannt, und der Ort Friedberg lag in Trümmern. Gleichwohl stieg ein dünner blauer Rauchfaden aus der Ruine zu dem dunklen Himmel hinauf, als wäre sie von irgendeinem menschlichen Wesen bewohnt. Ja man sah sogar über den Weideboden, der zwar noch nicht beschneit, aber fest gefroren war, einen Reiter eilig dem Trümmerwerke zureiten. Er zwang das Pferd durch den weit klaffenden Torweg über herabgestürzte Steintrümmer hinein, band es, nachdem er abgestiegen, an die Stange eines eisernen Fenstergitters, von dessen Simse noch das geschmolzene Glas wie schmutziges Eis herabhing, wandte sich dann schnell weg, und drang durch das halbverschüttete Tor in das Innere des Turmes. Hier durch ausgebrannte Türen und Fenster glotzten ihn Gänge und Gemächer an, die ihm schauerlich fremd vorkamen, und aus ihren Höhlungen wehte eine ungastliche Luft. Dennoch entdeckte er bald eine hölzerne Treppe, aus noch frischen Bäumen gezimmert, und mit gehauenen Pfosten überdeckt. Er stieg sie hinan, und gelangte in einen Gang und in ein Vorgemach, dessen Decke nicht eingestürzt war. Wie er durch den finstern Gang schritt, sah er einen alten Mann stehen, aber er achtete dessen nicht, sondern pochte an das Gemach. Ein weibliches Gesicht wurde durch das geöffnete Schubfach der Türe sichtbar.

»Susanna«, sagte der Fremde mit sanfter Stimme, »darf ich eintreten?« Die Magd öffnete sogleich die Tür, führte ihn durch das Gemach, und öffnete ihm gegenüber wieder eine Tür, die in ein weiteres erhaltenes Zimmer führte. Er trat ein.

Eine der zwei darinnen sitzenden schwarzgekleideten Gestalten erhob sich sogleich und trat ihm mit den Worten entgegen:

»Seid uns von ganzem Herzen willkommen, Ritter.«

Er heftete sein dunkles Auge mit traurigem Glanze auf ihre blassen Züge – – ja es war Clarissa, die vor ihm stand, und von deren schöner Gestalt das schwarze Trauerkleid herniederwallte. Seitwärts saß Johanna – ein Antlitz, weiß wie Alabaster, sah aus der schwarzen Florhülle zu dem Ritter herüber, und die Tropfen, die auf die Wangen flossen, jagten sich schneller, seit sie ihn sah, und sich nach Sprache bemühte, ihn zu grüßen. Er mit dem düster schönen Ausdrucke seines Wesens stand auch einige Augenblicke sprachlos, und blickte auf das mit schlechtem Papiere verklebte Fenster, unfähig ein einzig Wort herauszubringen, da auch Clarissa schwieg, und ihr Mund und ihre Wimpern vergeblich zuckten, um die Tränen zurückzuhalten. Sie schob ihm einen Stuhl hin, er aber trat zu Johannen, und ergriff ihre Hand, sie sanft und fest in seine drückend.

»Weil Ihr nur da seid«, sagte diese endlich schluchzend, »weil nur einmal ein Mensch da ist.«

»Zürnet mir nicht«, entgegnete er ihr, »es sind erst fünf Tage, seit ich frei bin, und diese bin ich fast unausgesetzt geritten, um Euch zu suchen.«

»So waret Ihr gefangen?«

»Ich war gefangen, sonst wäret Ihr nicht so lange ohne Hülfe geblieben – nun aber bin ich da, und bitte Euch inständig, nehmt alles, was ich bin und habe, zu Eurer Hülfe und Eurem Dienste. Meine Burg an der Donau ist zwar auch verbrannt, und noch mehr zusammengestürzt, als diese; – es tut nichts, ich brauche sie nicht, und baue sie auch nicht mehr, bis einmal Friede im Lande ist. Einige Mittel aber habe ich geborgen, und die wollen wir vorerst anwenden, um dieses Euer Haus in etwas wohnlicheren Stand zu setzen. *Hierher* wird nicht so leicht mehr ein Feind kommen; denn der Übergang war höchst schwierig, und von unbedeutenden Folgen. Sie stehen jetzt alle in Winterquartieren.«

Mit einem schmerzhaft freundlichen Schimmer ihrer aufrichtigen Augen reichte ihm Clarissa die Hand hin, indem sie sagte: »So seid Ihr wieder der erste, wie immer, der da kommt zu helfen, Ihr, gegen den ich immer so undankbar gewesen bin.«

»Lasset das jetzt, Clarissa«, erwiderte er mit trübfunkelnden Augen, »lasset das, es ist vorüber, und ich bin nichts, als Euer Vetter und Bruder – wie hätte ich auch ahnen können. – – Wäret Ihr von jeher vertrauender gegen alle gewesen, so hätte ich Euch nie mit Werbung gequält, und wahrscheinlich wäre das Letzte auch nicht geschehen – –.«

»So wisset Ihr – –?«

»Ich weiß, Clarissa, ich weiß – – –.«

»Auch er – ist es so – auch er!?«

»Auch er.«

Clarissas Antlitz zuckte jäh hinüber, und haschte nach Atem; ein maßloser Schmerz lag darauf, ja sogar etwas, wie Grimm, als sie das Auge gegen das Fenster wandte, wie gegen einen blinden Himmel – und sekundenlang starrte, weil sie kämpfte. – –

Noch war es fast wie Hohnlächeln in ihren Zügen, unheimlich anzusehen, als sie das Angesicht zurückwendete und mit fast ruhiger Stimme sagte: »Ritter, wenn Ihr etwas Näheres wisset, so sagt, so erzählt es uns, wir wissen nur das eine – – sagt, Ritter, woher wißt Ihr das Nähere?«

»Ich war dabei.«

»Ihr waret dabei, Bruno?« schrie Johanna aufspringend, »Ihr seid dabei gewesen, Bruno«, rief sie mit den schmerzlichsten Tönen ihrer Seele, – »um Gotteswillen, o so saget, wie war es, erzählt – nehmt diese furchtbare Last von meinem Herzen; mir ist, als wäre mir leichter, wenn ich alles wüßte.«

Da er unschlüssig zauderte, sagte Clarissa: »Ritter, seid barmherzig und erzählet.«

»Ein Wald«, begann er, »war das eigentliche Unglück. – Euer Haus – – kein Finger hätte es angerührt; – weit links davon sollte der Zug gehen – aber Gallas hatte Völker gesandt, mich auf eignes Ansuchen mit, um in jenem Walde (er zieht sich rechts von hier gegen das Moldautal ab) Schanzen aufzuwerfen, und den Feind zurückzuweisen. Friedbergs unglückliche Bewohner, die graben mußten, werden zeitlebens an den Schanzwald denken, und den Namen ihren Enkeln und Urenkeln einprägen; denn er war *ihr* und *unser* Unglück. Ich sah es voraus, wie es kam, und bat Euren Vater noch tags zuvor, er möge die Burg preisgeben, und zu Euch flüchten; aber er verwarf den Antrag mit

Entrüstung, weil ein Haufe Kaiserlicher unter seinem Befehle die Burg besetzt hielt. Harmlos, wie eine Schar Wallfahrer, mit klingenden Liedern stiegen die Schweden den schönen Wald heran. – – Es war schrecklich anzusehen, wie, da der Rauchwall aus unsern Gewehren sich verzog, ihre zerfetzten und blutenden Linien zurücktaumelten. Kein neuer Angriff ward mehr gewagt, die Kurzsichtigen unter uns jubelten, aber noch diese Nacht sahen wir den Brand Friedbergs, und des andern Tages, da die Scharen schwollen, ward im furchtbaren Morden die Schanze gestürmt. Die Unsern zerstäubten, wie zerbrochenes Glas; ein Teil warf sich nach Wittinghausen, ich mit ihnen. O Clarissa, alles wäre noch gut geworden. Der erste siegestrotzige Anfall wurde zurückgeschlagen – eine Woche verging schon – und noch eine, – der Feind bereits abgekühlt und einsehend, wie wenig ihm eigentlich an dem Hause gelegen sein könne, hatte nur den Schein von Ehre zu wahren, und bot willig die Hand zur Unterhandlung. Da, eines schönen Morgens, sahen wir, gleichsam wie einen neuen Befehlshaber, einen jungen Mann in prachtvollen Kleidern durch die Reihen der Belagerer reiten, gleichsam wie Anordnungen treffend.« – Clarissa mit halb geöffnetem Munde, atemlos, mit gespannten dürstenden Augen horchte hin. – »Wir begriffen nicht, was er wollte; die Anführer alle, Sture an der Spitze, standen ehrfurchtsvoll vor ihm. – Es war gerade Waffenstillstandstag. Am andern Morgen ritt derselbe Mann – ach, wie wir glaubten, um zu kundschaften, ungewöhnlich nahe an die Mauern – und, wie es manchmal der Zufall will, der Helm entfiel ihm – ein ganzer Wall von blonden Locken rollte in diesem Augenblicke über seinen Nacken – – . . .«

»War es nun Verblendung, war es Verhängnis, das sich erfüllen mußte, wir verstanden die Zeichen des Jünglings nicht, wie er so zuversichtlich vorritt, ja Euer

Vater mit allen Merkmalen höchster Überraschung sah lange und unverwandt auf ihn hin; – da sah ich nach und nach ein Rot in seine Wangen steigen, bis sie dunkel, wie in Zornesglut brannten. Ohne eine Silbe zu sagen, schleuderte er mit einem Male seine Lanze gegen den Reiter, nicht bedenkend, daß sie auf diese Entfernung gar nicht treffen könne – ach, sie traf auch nicht, die arme schwache unschuldige Lanze – allein sie wurde das Zeichen zu vielen andern, die augenblicks von unsern Leuten flogen; auch hörten wir sogleich das Krachen von unsern Doppelhaken hinter uns. Von den Schweden sahen wir nur noch, wie viele vorsprengten, um den Reiter in ihre Mitte zu nehmen, wie er sank – und dann, ehe uns noch kaum Besinnung wiederkehren konnte – – war schon Sturm hier, dort, überall – wütend von der Schwedenseite, wie nie – Rauch, daß kein Antlitz auf drei Schritte erkennbar war – – Clarissa, höret Ihr?«

»Weiter, weiter«, sagte sie angstvoll vorgebogen.

»Es ist nichts mehr weiter – die Burg brannte, wir mußten ausfallen – – – ich wurde verwundet, besinnungslos, gefangen – – –«

»Und . . .??« – –

»Clarissa – Johanna – – Sture selbst ließ beide, ihn und den Knaben, kriegerisch ehrenvoll unter der Steinplatte vor dem Altare der Thomaskirche begraben, die freilich auch abgebrannt war – ich, verwundet und waffenlos, erhielt Erlaubnis, beizuwohnen.«

»Und ich«, rief Clarissa zurücksinkend, »war es, ich, die Vater und Bruder erschlagen« – und sie brach, beide Hände vor ihre Augen drückend, in ein wildes Schluchzen aus, daß ihr ganzer Bau darunter erzitterte. Johanna, selbst kaum ihrer Kräfte mächtig, und schön, wie ein gestorbner Engel, stand doch sogleich auf, und drückte Clarissen an ihren Busen, das Haupt derselben an ihr Herz legend, und es ausweinen lassend, während sie ihre Hände lieblich zärtlich um dasselbe legte, und selbst die heißen Tränen auf sie niederfallen ließ.

Der Ritter wischte sich das Wasser aus seinen schönen dunklen Augen und stand in tiefem Schmerze da, aber er bereute nicht, daß er den ihrigen durch die Erzählung hervorgerufen; denn er wußte wohl, wie herzzerreißend diese Tränen auch seien, daß ihnen Linderung folgen werde, unsäglich süßer und heilsamer, als all ihre frühere dumpfe Ergebung. Auch löste sich bald das erste krampfhafte Schluchzen, und nur mehr ein leises, kaum hörbares Weinen rieselte durch das totenstille verdunkelte Zimmer, und endlich auch dies nicht mehr. Clarissa, ohnmächtig schmiegsam, lag kindlich an Johannens Herzen, von ihr, wie früher, umschlossen – und wie bitter auch die ersten Tränen beider hervorgepreßt waren, so flossen sie doch jetzt leicht, reichlich und wie von selbst, ja sogar linde süß, wie das letzte Blut eines getöteten Geschöpfes.

Endlich nach langer Stille hob Clarissa wieder ihr Haupt und Auge müde und verklärt zu dem Ritter empor und sagte leise: »Bruno, sagt uns nun auch, wo ist das andere Grab, und wie .....?« Ihre Stimme erstickte neuerdings.

»Forschet nicht, Clarissa; wer enträtselt das Wirrsal jenes Augenblicks? – – Er hatte eine Kugel in der Brust, wahrscheinlich aus einem unserer Doppelhaken, seinen Körper brachten sie weg, wohin, – ich weiß es nicht. Erst bei den Schweden erfuhr ich, daß er als Vermittler gekommen, daß er vorschlug und durchsetzte, daß man die kaiserliche Besatzung frei abziehen, und Euren Vater ungestört in seinem Hause lassen solle. – – Sein Tod war die Losung des Sturmes – Sture und alle liebten ihn sehr.«

»Alle liebten ihn sehr«, sagte sie, vor innigem Schmerze lallend, »alle liebten ihn sehr – – – – o du schöne, du schöne, du unglückliche Waldwiese!!« Sie verbarg wieder ihr Haupt an Johannas Herzen, fast kindisch furchtsam die Worte sagend: »Johanna, du zürnest – Johanna, ich liebe dich, jetzt nur dich – – o Kind, liebe mich nun auch wieder.«

Diese im Unmaß des Schmerzes und der Zärtlichkeit wußte nicht, was sie tun solle; sie drückte die Schwester an sich, sie umschlang sie mit einer Hand, und streichelte mit der andern über die glänzenden Haupthaare derselben, wie man todbetrübte Kinder beschwichtiget; – – sie selbst, bis zu Tode betrübt, erhielt nur Kraft durch die noch größere Betrübnis der Schwester, die sie lindern wollte. Zu dem Ritter aber sagte sie leise: »Erzählet nichts mehr.«

Dieser aber beugte sein Haupt im Schmerze vorwärts, und sah mit den verdunkelten von Tränen zitternden Augen auf das schöne vor ihm vergehende Geschöpf, das er so lange geliebt, das sein Herz so lange begehrt hatte; es wollte ihm vor Mitleid zerspringen, und es war ihm, als drehe sich mit ihm der Fußboden des Gemaches. Sachte wollte er hinausgehen, um den Schwestern Zeit zu gönnen, aber Clarissa hörte seine Tritte, und sah plötzlich auf, und sagte: »Bruno, geht nicht, es ist hier so dunkel, und wir haben niemand, als einen alten Mann und seinen Enkel – – Bruno, lasset uns ein Fenster machen.«

»Alles, alles, Clarissa, werden wir machen lassen. Sehet, ich werde noch heute um Arbeiter fortreiten, wir werden für den Winter ein Notdach auf einige Gemächer setzen, Fenster, Türen, Stiegen, alles anfertigen – Eure Harfe werde ich aus dem Waldhause holen lassen – Eure Bücher, daß Ihr dem Winter getrost entgegensehen könnet.«

»Wir sehen jetzt *allem* getrost entgegen«, sagte sie, indem sie wieder ihr Antlitz auf Johannens Schulter legte.

Der Ritter ging stille hinaus. Er sprach mit Gregor,

Raimund und den Mägden, und nach einiger Zeit sah man ihn wieder über den grauen gefrornen Boden davonreiten.

Ein Notdach war gesetzt, Tore, Stiegen, Gemächer wieder eingerichtet, aber immer sah die Burg wie eine Ruine aus. Jahre kamen und vergingen, und immer sah die Burg wie eine Ruine aus. Alle Zeichen Ronalds trogen, und der Krieg, statt ein Ende zu nehmen, dauerte noch in die Jahre und Jahre, aber nie mehr erschien ein Feind vor Wittinghausen; ein Teil wußte, was sie für Ronald bedeutete, ein Teil kannte weder Ronald, noch die Feste.

Die Schwestern lebten fortan dort, beide unvermählt. Johanna war eine erhabne Jungfrau geworden, rein und streng, und hatte nur *eine* Leidenschaft, Liebe für ihre Schwester. Clarissa liebte und hegte Ronald fort und fort; in den goldnen Sternen sah sie seine Haare, in dem blauen Himmel sein Auge, und als einmal ein Zufall jenes feenhafte Gedicht des britischen Sängers auf ihre Burg herüberwehte, so sah sie ihn dann oft als den schönen elfigen blondgelockten Knaben auf seinem Wagen durch die Lüfte schwimmen, den Lilienstängel in der rechten Hand, ihr entgegen, der harrenden Titania. Selbst, als sie schon achtzig Jahre alt geworden, und längst ruhig und heiter war, konnte sie sich ihn nicht anders denken – selbst wenn sie ihn noch lebend träumte und einmal kommend – als daß er als schöner blondgelockter Jüngling hereintrete und sie liebevoll anblicke. Wenige Menschen besuchten die seltsame verwitterte Burg, nur ein einziger Ritter ritt zuweilen ab und zu.

Eines Tages blieb er auch aus – er war gestorben. Daß die Schwestern sehr alt geworden, wußte man bis in die neuesten Zeiten, und der Hirt zeigte die Kammer derselben, aber kein Mensch kennt ihr Grab; ist es in der verfallenen Thomaskirche, oder deckt es einer der grauen Steine in der Burg, auf denen jetzt die Ziegen klettern? – Die Burg hatte nach ihnen keine Bewohner mehr.

Westlich liegen und schweigen die unermeßlichen Wälder, lieblich wild wie ehedem. Gregor hatte das Waldhaus angezündet, und Waldsamen auf die Stelle gestreut; die Ahornen, die Buchen, die Fichten und andere, die auf der Waldwiese standen, hatten zahlreiche Nachkommenschaft und überwuchsen die ganze Stelle, so daß wieder die tiefe jungfräuliche Wildnis entstand, wie sonst, und wie sie noch heute ist.

Einen alten Mann, wie einen Schemen, sah man noch öfter durch den Wald gehen, aber kein Mensch kann eine Zeit sagen, wo er noch ging, und eine, wo er nicht mehr ging.

Zur Textgestalt

Der Text von *Der Hochwald* folgt der hist.-krit. Ausgabe: Adalbert Stifters Sämtliche Werke. Erster Band. Studien – Erster Band. Herausgegeben von August Sauer. Zweite Auflage, neu bearbeitet von Otto Pouzar und Gustav Wilhelm. Reichenberg 1940. Dieser Ausgabe hat die vierte Auflage der »Studien«, Pesth: Gustav Heckenast 1855, zugrunde gelegen.

Im Gegensatz zu der hist.-krit. Ausgabe wurde für den vorstehenden Abdruck die Orthographie unter Wahrung des Lautstandes behutsam dem gegenwärtigen Stand angeglichen. Die Interpunktion jedoch wurde original belassen. Sie ist von Stifter wohldurchdacht angewendet und stellt so ein wesentliches Charakteristikum seines Stils dar. »Stifter folgte während des Schreibens offenbar seinem inneren Gehör, wenn er den epischen Fluß seiner Rede bald unterbrach, bald ungehemmt weiterleitete« (Gustav Wilhelm).

So benutzte Stifter in ganz auffallender Weise den Gedankenstrich zur Bezeichnung einer Ruhepause. Er trennt durch ihn innerhalb eines Satzganzen die einzelnen Glieder, hebt vor »aber« das gegensätzliche Verhältnis zweier Sätze hervor oder verleiht durch seine Stellung zwischen einem Neben- und Hauptsatz diesem einen besonderen Nachdruck. Der Doppelpunkt, für den ähnliches gilt, steht sehr häufig vor einem Hauptsatz, dessen einführendes »so«, »da« oder »dann« in einer Parallelkonstruktion dem einleitenden »als«, »wenn« oder »wie« des vorausgehenden Nebensatzes entspricht. Er findet sich aber auch vor einem beigeordneten, mit »denn« eingeleiteten Satz oder hebt, von einem Gedankenstrich begleitet, von zwei einander beigeordneten Sätzen den zweiten besonders hervor. Das Semikolon dient außer seiner auch heute üblichen Bezeichnung eines stärkeren Einschnitts in der Satzfolge vor »aber«, »nur« und »denn« auch der besonderen Hervorhebung eines ergänzenden Satzteils.

Die Bedeutung, die Stifter der Zeichensetzung zumaß, zeigt sich besonders in dem z. T. eigenwilligen Gebrauch des Kommas, das Franz Hüller als das epische Pausenzeichen Stifters bezeichnet hat. Stifter setzt oft ein Komma vor »und« in Haupt- und Nebensätzen mit zwei zu *einem* Subjekt gehörenden Prädikaten oder vor »und« zwischen zwei Relativsätzen, zwei präpositionellen Bestimmungen oder einfach mehreren Substantiven. Der Gebrauch des Kommas bei zwei oder mehreren attributiv gebrauchten Adjektiven oder bei Partizipialkonstruktionen wechselt von Fall zu Fall. Die Freiheit von einem Regelzwang zeigt sich schließlich auch in der Kommasetzung bei Vergleichen oder Vergleichssätzen: Stifter fügt den Vergleich einmal eng in den Satz ein, das andere Mal hebt er ihn durch Kommata stärker heraus oder setzt ihn ab. Gelegentlich steht auch nur vor dem »wie« eines eingeschobenen Vergleichs ein Komma (»daß die Zähne, wie Perlen leuchteten«). All diese erwähnten Beispiele zeigen, wie die originale Interpunktion sich von den heute herrschenden Regeln durch eine stärkere Akzentuierung von Satzrhythmus und Sprechtakt im Sinne des jeweils vom Dichter beabsichtigten Ausdrucks unterscheidet und daß ihre Berücksichtigung für eine genauere Interpretation des Textes unerläßlich ist.

Anmerkungen

3,6 *Thaia:* Thaya, rechter Nebenfluß der March.
4,2 *Zauberfantasie:* Fantasie, ältere Schreibweise von Phantasie, mhd. fantasīe, um 1300 aus griech.-lat. phantasia ins Deutsche übernommen.
4,12 *einfärbig:* österr., oberdt. für einfarbig.
5,26 *Verhack:* Verhau, Hindernis.
6,13 *Talkrümme:* Talbiegung; Krümme veraltet für Krümmung.
8,31 *Norischen Alpen:* Teil der Zentralalpen zwischen Murtal und Kärntner Becken; Noricum: in der Antike römische Provinz.
10,1 *Buffe:* ältere Form von Puffe, spätmhd. buffe, Bausch; vgl. Puffärmel.
16,29 *jener Eine:* Hinweis auf Christus; vgl. Mark. 9,42.
16,32 *Demant:* dichterisches und mundartliches Wort für Diamant, mhd. dīemant, aus dem Französischen entlehnt, griech.-lat. Ursprung.
17,12 *Van Dyck*, Anthonis (1599–1641), Schüler von Rubens. Hier wird vermutlich auf seine religiösen Bilder mit schlanken Gestalten von edler Haltung und weichem Gefühlsausdruck angespielt.
17,26 *Zeitlose:* mhd. zītelose, ahd. zitilosa, bezeichnet ursprünglich sehr frühe Frühlingsblumen (Krokus); seit dem 16. Jh. auf die spätblühende Herbstblume übertragen, die seit dem 18. Jh. ›Herbstzeitlose‹ genannt wird.
19,13 *Weißzeuges:* weißer Stoff, Wäschestück(e).
25,24 *haselieren:* sich närrisch gebärden, tändeln; auch toben, lärmen; aus altfrz. harceler: quälen, necken.
26,8 *gereutet:* reuten, ahd. mhd. riuten, heute noch süddt. Form für roden.
27,20 *Libussa:* sagenhafte Gründerin Prags; vgl. das gleichnamige Trauerspiel von Grillparzer.

28,16 *Karfunkel:* veraltete Bezeichnung für feurigrote Edelsteine (Granat, Rubin u. a.); in mhd. Zeit aus lat. carbunculus (= kleine glühende Kohle) entlehnt und unter dem Einfluß von vunke (= Funke) umgestaltet zu carbunkel, daraus dann später karfunkel.

34,13 *Rüste:* mundartliche Nebenform zu Rast, aus spätmhd. rust = Ruhe; zur Rüste gehen: zur Ruhe gehen.

34,17 *Hänfling:* mhd. henfelinc, Finkenvogel mit blutroter Brust, der sich vorwiegend von Hanfsamen ernährt.

38,15 *behülflich:* veraltete Form von behilflich, im 19. Jh. ü durch i verdrängt.

38,26 *geschlemmt:* schlemmen, schlämmen = spülen, waschen; abgeleitet von Schlamm.

39,4 *Farrenkräuter:* nach dem mnl. nl. Mundartwort varen, varem gebildete Nebenform zu Farnkräuter; Farn ist urverwandt mit altind. parná = Feder, vgl. die federförmigen Blätter des Farnkrauts.

47,12 *Dinte:* alte Form zu Tinte, ahd. tincta aus mlat. tincta (aqua) = gefärbte Flüssigkeit; zugrunde liegt das lat. Verb tingere = färben, mit dem dt. tunken urverwandt ist.

49,31 *Fichtengehäge:* Gehege, umfriedeter Waldbezirk, mhd. gehege, gehage, ahd. gehagi[um], Kollektivbildung zu Hag.

50,14 *Oase:* ägypt. Ursprung, griech.-lat. oasis, bewohnte und fruchtbare Wasserstelle in der Wüste; hier bildlich gebraucht: erquickender Ruhepunkt.

62,7 *Böheim:* Böhmen, spätlat. Bohemia, aus germ. Boiohaemum (= Boierheim). Boier: keltisches Volk, um 400 in Böhmen eingewandert.

64,2 *einfältig:* ahd. mhd. einvalt, später einvaltec, einveltec; hier in der Grundbedeutung von ›einfach, nicht zusammengesetzt, schlicht‹ verwendet.

66,29 *den Floß:* heute allgemein das Floß, ursprünglich maskulin; ahd. mhd. floȥ zu fließen im Sinn von schwimmen.

67,27 *Eitelei:* Wortbildung Stifters für Eitelkeit?

85,3 *weil es einer befahl ...:* Gemeint ist wohl Gustav II. Adolf von Schweden (1594–1632), der im Dreißigjährigen Krieg auf der Seite der Protestanten in der Schlacht bei Lützen fiel.

86,31 *allvergessend:* alles vergessend.

89,7 f. *jener Römerheld:* vielleicht Hinweis auf Tacitus (geb. um 50 n. Chr., gest. 116), der in seiner »Germania« eine Beschreibung der germanischen Stämme gegeben hat, mit denen die Römer auf ihren Feldzügen in Berührung gekommen waren.

96,12 *Schneereife:* besondere Form von Schneeschuhen; früher vielgebrauchtes, heute noch von Jägern und Förstern benutztes Gerät zur Fortbewegung in hohem Schnee: zwei ovale oder runde Holzreifen, bezogen mit einem engmaschigen Geflecht aus Leder oder Hanf und mit Gurten unter die Schuhe zu schnallen. Heute durch den Schi weitgehend verdrängt.

98,11 *Afterfrühlinge:* ›falscher Frühling‹, ungewöhnlich warmer Herbst; after = hinter, nach. After- kennzeichnet das Nachgemachte, Unechte.

99,29 *Seraph:* sechsflügeliger Engel aus dem Alten Testament (vgl. Jes. 6,2 ff.); mhd. seraph, ahd. seraphīn über griech. serapheim aus dem hebr. Plural serāphim.

101,6 *Krammetsvogel:* österr. mundartlich für Wacholderdrossel; Krammet veraltet für Wacholder, geht zurück auf mhd. kranewite, ahd. kranawitu, das eigentlich Kranichholz bedeutet. Die Drossel frißt gerne Wacholderbeeren.

106,25 f. *um ihn nur gewöhnen zu können:* veraltete Formulierung für: um sich nur an ihn gewöhnen zu können.

108,4 *eilf:* ältere Form von elf, ahd. ein-lif, mhd. eil(i)f, Zusammensetzung aus ein und germ. liƀ (= Überbleibsel, Rest); elf ist die Zahl, die sich ergibt, wenn man auf zehn gezählt hat und eins übrigbleibt.

112,26 *Gallas,* Matthias, Graf Campo, Herzog von Lucera (1584–1647), kaiserlicher General im Dreißigjährigen Krieg.

113,26 *Sture:* schwedisches Adelsgeschlecht.

117,23 *Lilienstängel:* ältere Schreibart von -stengel, in Anlehnung an das verwandte Wort Stange.

118,12 *Schemen:* mhd. schëme, bedeutet ursprünglich Schatten, heute im allgemeinen wesenloses Schattenbild, Trugbild, Hirngespinst.

Nachwort

Es liegt Tragik für den einen Teil, Beschämung für den anderen darin, daß gerade die Größten von ihrer Zeit so oft verkannt werden. So war es auch bei Stifter. Er wurde für einen von vielen gehalten und ist einer von den ganz wenigen. Man schätzte ihn als liebenswürdigen Erzähler freund lich-idyllischer Begebenheiten, als Meister minutiöser Kleinmalerei, als Epigonen der Romantik. Er aber ist einer aus der Nähe Goethes, ein Klassiker. Man las gern, ja in schwärmerischer Bewunderung seine *Bunten Steine*, seine *Studien*, die *Feldblumen*, aber man lehnte seine beiden großen epischen Werke, den *Nachsommer* und besonders den *Witiko*, ab als unerträglich langatmig. War es, weil jener Zeit einer behäbigen, allzu satten Bürgerlichkeit selbst der Atem einer breiten Brust abging? Gab der Dichter, indem er in allzu großer Bescheidenheit seine *Bunten Steine* als »Spielerei für junge Herzen« bezeichnete, Anlaß, daß man ihn bald nur noch als ›Erzähler für die reifere Jugend‹ wertete? Waren es die unseligen Spottverse Hebbels, der als Dramatiker dem Epiker nicht gerecht zu werden vermochte? »... damit Ihr das Kleine vortrefflich liefertet, hat die Natur klug Euch das Große entrückt.« Unbelehrt durch Stifters berühmte Antwort auf diesen Angriff, die später den *Bunten Steinen* als Bekenntnis und hohe Rechtfertigung seiner Kunst vorangestellt wurde, vermißte man in seiner um äußerste Schlichtheit bemühten Prosa die große Geste, das rauschende Pathos, und übersah das viel wichtigere ethische Pathos des Herzens, das alle seine Werke trägt. Als erster an der Schwelle unserer Zeit ließ Nietzsche Stifter nicht nur gelten, sondern rühmte ihn sogar; es steigert unsere Achtung vor beiden.

Daß Stifter uns Heutigen soviel bedeutet, hat mancherlei Gründe. Wir sind durch die technisch-zivilisatorische Entwicklung der letzten Jahrzehnte von der Natur und vielfach auch von der Kultur abgetrieben. Bei Stifter aber finden wir noch beides. Er wird so oft als Dichter des Waldes, ja, in unzulässiger landschaftlicher Einengung als Dichter des Böhmerwaldes bezeichnet, weil er dort geboren ist und viele seiner Werke, durchaus nicht alle, dort spielen. Es ist nichts dagegen einzuwenden, sofern man solch billige Etikettierung nicht als erschöpfende Wertung auffaßt. Viele deutsche und nordische Schriftsteller schildern uns den Wald. Wie kommt es, daß Stifters Art unverwechselbar ist? Jene *zeigen* uns den Wald, er aber nimmt uns bei der Hand und führt uns in ihn hinein, daß wir, von ihm aufgenommen, in ihm atmen wie eins seiner Geschöpfe. Der Frieden solcher Geborgenheit überkommt uns.

Aber nicht nur das Kleine, Friedlich-Alltägliche der Natur schildert er, auch die Großartigkeit der Katastrophen. Man könnte aus Stifters Werk ein Lesebuch der Wetterkunde zusammenstellen mit fesselnden, bis ins kleinste wissenschaftlich genauen und zugleich dichterisch überwältigenden Darstellungen: des Gewitters *(Kalkstein)*, des Rauhreifs *(Mappe)*, des Schneefalls *(Bergkristall, Aus dem Bayerischen Wald)*, des Hagels *(Katzensilber)*. Ja, sogar die Schauer angesichts der Furchtbarkeit des Kosmischen finden wir (Ballonfahrt im *Condor*; *Sonnenfinsternis*).

Stifters Art, die Natur zu erleben und erleben zu lassen, ist: Frömmigkeit. Religiös ist sein Naturgefühl wie auch seine Kunst.

Wir gehen wohl nicht fehl, wenn wir diesen harmonischen Zusammenklang naturverbunden-religiös mit der Umwelt seiner Kindheit und Jugend in Verbindung bringen. 1805 in Oberplan im Böhmerwald geboren, kommt er als Sohn des Leinewebers Johann Stifter und seiner Ehefrau Magdalena geb. Friepeß von Vorfahren her, die geschlechterlang voll frommer Einfalt in dieser Landschaft lebten. Aus ihr empfängt der Knabe seine stärksten, nie vergessenen Eindrücke. Als Walten der Vorsehung empfindet man, daß sich an die Wäldlerkindheit die Erziehung im Benediktinerstift zu

Kremsmünster schließt, wo gütig-weise Lehrer die schönen Anlagen des Jünglings entwickeln.

Später inskribiert er in Wien Jus, widmet sich aber weitaus mehr den Naturwissenschaften und der Malerei, die er bis in seine reifste literarische Schaffensperiode für seinen eigentlichen Beruf hält. Auch in seinem dichterischen Werk bleibt der Maler unverkennbar. In Wien reift sein angeborener Sinn für eine hohe Kultur der Lebensführung noch weiter, da der Lernende, um sich sein Brot zu verdienen, Hauslehrer in verschiedenen altadeligen Familien war. Ferienaufenthalte in der Heimat machten, daß dabei der Wald nicht vergessen wurde, wo er jenen »Doppeltraum« träumt, »den der Himmel jedem Menschen einmal und gewöhnlich vereint gibt, den Traum der Jugend und der ersten Liebe« (Fanny Greipel in Friedberg).

Stifters Verkehr in gepflegten Häusern verdanken wir das bis ins letzte kultivierte Milieu, dem wir so oft in seinem Werk begegnen: Blumen, restaurierten antiken Hausrat, spiegelblank polierte Möbel und Fußböden, feingefältelte seidene Vorhänge, Klarheit und Ordnung in den Räumen.

Aber Natur und Kultur sind nicht das einzige, was wir bei Stifter erleben. Da sind noch die Menschen. Man wirft ihm oft vor, seine Gestalten seien keine Menschen von Fleisch und Blut, seien ohne Dunkelheiten, Engel. Keine Armen und Elenden mit schlimmen Leidenschaften und Sünden, vielmehr Adelige des Herzens, an die Versuchung niemals herantritt, die Sünde nicht kennen.

Aber wenn wir ›menschlich‹ im Sinne von humanitas, als Gegensatz zu ›unmenschlich‹ verstehen, als höchste Verpflichtung, dann sind seine Personen Menschen im eigentlichen, vornehmsten Sinn. Sind es mit so starker Überzeugungskraft des Guten, des Edlen, daß uns bei der Lektüre Heimweh überkommt nach solch unversehrtem »Ebenbild Gottes«. Ein Ebenbild, das *wir* durch Sünde und Schuld immer wieder zerstören. Leidenschaften sind für Stifter Dämonen, die er aus dem weißmarmornen Tempel seiner Kunst ausschließt. Leidenschaftlich-tragisches Geschehen wird höchstens als zurückliegend, als Vorgeschichte berichtet. Die versöhnende Zeit ist darüber bereits hinweggegangen. Das Sterben von Vater und Bruder und Geliebtem im *Hochwald*, es wird nicht szenisch dargestellt, es wird nur nachträglich von dem Ritter berichtet, wie wir überhaupt in Stifters ganzem Werk kein Sterben miterleben.

Fehlen auch in des Dichters eigenem Leben Dunkelheiten, Blicke in Abgründe? Durchaus nicht! Dunkelheit liegt schon über seiner Liebe zu Fanny Greipel. Warum führte sie nicht zur Ehe? Mit Einsatz der nötigen Energie hätte er wohl den Widerstand ihrer Eltern, braver Bürgersleute, die ihr Kind nicht dem berufslosen jungen Menschen zur Frau geben wollten, besiegt. Aber da war ein anderes, von dem Dichter selbst nur unbestimmt Erahntes: daß für einen Künstler der Verzicht wichtiger ist als die Erfüllung, die Illusion wertvoller als die Wirklichkeit. Seine spätere, keineswegs unglückliche Ehe mit Amalie Mohaupt, ein Seitenstück zu der Goethes mit Christiane Vulpius, war solche Wirklichkeit.

Sie blieb kinderlos. Aber eine Ziehtochter war im Haus, ein heißblütig eigenwilliges Ding; und brachte Jähes und Gewaltsames in sein Leben. Sie ertränkte sich.

Und zuletzt kam jene große Verdunkelung, das Krebsleiden, und das schwere Ende. Nahmen so die Finsteren, die er aus seinem Werk ausgesperrt hatte, Rache an dem, der noch auf dem Krankenbett an der kristallenen Welt seiner Kunst baute?

Diese kristallene Welt aber erstrahlt in immer reinerem Lichte.

Emil Merker